북한의 사이버 남침

북한의
사이버 남침

김필재 지음

백년동안

차 례

UN은 2009년 "만약 제3차 세계대전이 일어난다면 사이버 전(Cyber warfare)이 될 것"이라고 경고했다. 이 경고는 현재 한반도에서 현실로 나타나고 있다. 미국의 컴퓨터 보안업체 립텍(Riptec)은 2000년대 초 보고서를 통해 사이버 전 발발 가능성이 가장 높은 10여 개 국가를 선정했다. 미국(29.6%), 한국(8.8%), 중국(7.8%), 독일(5.9%), 프랑스(4.5%), 캐나다(3.9%), 대만(2.6%), 이탈리아(2.5%), 영국(2.5%), 일본(2.0%) 순으로 결과가 나왔다.

사이버 전의 발발 조건은 아래와 같이 크게 세 가지로 나누어진다.

첫째, 사이버 인프라가 발달한 국가일수록 사이버 전쟁에 참여하거나 사이버 공격을 받을 가능성이 높다. 미국의 비영리단체인 '정보기술혁신

재단(ITIF, The Information Technology & Innovation Foundation)'이 2008년 발표한 「세계 광대역 접속 네트워크 현황」에 따르면 한국은 OECD 가입 30개국 가운데 인터넷 보급률 93%, 평균속도 49.5Mbps로 1위를 차지했다. '인터넷 월드 스탯(Internet World Stats)'에 따르면 2012년 기준 한국의 인터넷 사용 인구는 4,000만 명으로 세계 10위(중국, 미국, 일본, 인도, 브라질, 독일, 러시아, 영국, 프랑스, 한국순)이다. 10개국 중 인구비례로는 영국에 이어 2위로 나타났다.

둘째, 지정학적으로 환태평양에 위치한 국가에서 사이버 전쟁이 발생할 가능성이 높다. 사이버 전 발발 가능성이 가장 높은 10여 개 국가 가운데 5개국(한·미·중·일·캐나다)이 환태평양 지역에 위치해 있다. 이는 이들 국가의 사이버 인프라가 매우 발전해 있고, 국제사회에서 갈등관계에 놓여 있다는 것을 반증한다. 실제로 미국의 현실주의 국제정치학자인 존 J. 미어세이머 시카고 대학교 교수는 "중국이 급격한 경제성장을 계속한다면 경제력을 군사력으로 바꿀 것이고, 결과적으로 미중 간 안보 경쟁이 심화되면서 냉전기와 비슷한 양상을 띠게 된다고 본다."고 전망했다. 미국의 키신저 전 국무 장관은 "현재 아시아의 상황은 19세기 유럽의 상황과 비슷하다. 군사적 충돌 가능성도 배제할 수 없다. 중국과 일본 사이의 긴장 국면이 고조되면서 '전쟁이라는 유령'이 아시아를 배회하고 있다."고 지적했다.

셋째, 외교·군사·역사적으로 대립관계에 있는 국가들이 사이버 전쟁에 휘말릴 가능성이 농후하다. 한국과 일본은 각각 미국의 군사동맹 국가로 자유민주주의와 시장경제라는 가치를 공유하고 있다. 구(舊) 공산권 국가인 중국은 북한과 군사동맹 관계로 한국, 미국, 일본을 상대로 적대관계에 놓여 있다. 그러나 역사 및 영토 문제에 있어 중국과 남북한은 대일(對日) 연합전선을 형성하고 있으며, 미국이 이 문제에 대해 중립적인 태도를 취하고 있는 형국이다.

이처럼 한국은 현재 사이버 전 발발 조건을 모두 갖춘 상태라 할 수 있다. 특히 '제1 주적'인 북한이 중국 공산당 조직과 연계해 사이버 공간을 자신들이 추구해온 '온 세상의 주체사상화'를 달성하기 위한 수단으로 활용하며 이른바 '대남(對南) 사이버 공작'을 강화하고 있다.

북한은 1990년대 이후 경제난으로 재래식 전력(戰力) 증강에 어려움을 겪자 적은 비용으로 큰 효과를 낼 수 있는 사이버 전력 강화에 박차를 가했다. 특히 2003년 이라크의 사담 후세인 정권이 무너지는 것을 본 김정일은 군(軍) 수뇌부를 모아놓고 "지금까지 전쟁이 알(총알) 전쟁, 기름 전쟁이었다면 21세기 전쟁은 정보전"이라며 사이버 전 능력 향상을 주문했던 것으로 알려져 있다. 그 결과 2014년 현재 북한의 사이버 전력은 미국, 러시아에 이어 세계 3위권 수준이며, 사이버 전을 수행하는 특수 요원만 3만여 명에 달하는 것으로 알려져 있다.

경찰청 발표에 의하면 2009년 발생한 국내 유해화학물질 정보 해킹, 7.7 디도스(DDos, 분산 서비스 거부) 공격, 2011년 발생한 3.4 디도스 공격, 농협전산망 마비 사건, 2013년 발생한 3.20 사이버 테러 등이 모두 북한의 소행인 것으로 밝혀졌다. 국군 사이버사령부가 공개한 자료에 따르면 2009~2013년 동안 북한의 대남 사이버 공격으로 발생한 피해액만 8,600억 원이라고 한다. 사례별 피해 금액은 2013년 3.20 사이버 테러 및 6.25 사이버 공격으로 8,000억 원, 2009년 7.7 디도스 공격 500억 원, 2011년 3.4 디도스 공격 100억 원으로 집계됐다. 북한은 특히 우리 군을 대상으로 홈페이지 공격, 악성 코드 유포, 해킹 메일 발송 등의 방법으로 2010년부터 총 6,392건의 사이버 공격을 감행한 것으로 드러났다.

최근 국내 K대학원의 사이버 전 전문가는 "유사시 북한이 총공격에 나서면 5분 안에 남한의 주요 시설이 초토화할 가능성이 있다."고 진단한 바 있다. 이처럼 북한의 대남 사이버 공세가 현재 진행형으로 벌어지고 있는데도, 한국사회의 사이버 안보 문제에 대한 인식은 걸음마 수준에 머물러 있다. 북한의 사이버 공격에 제대로 대응하지 못하면 엄청난 혼란과 피해가 발생할 수밖에 없다. 따라서 북한의 사이버 공격으로부터 방어망을 구축하는 작업은 국가 안보 차원에서 매우 시급한 안보과제라 할 수 있다. 필자는 본 책자에서 북한의 사이버 전 전략과 전술(제1장), 사이버 전 수행조직(제2장) 및 공격기술(제3장), 그리고 국내외 사이버 안보

위협 대응조직(제4장) 등을 소개했다. 마지막 장에서는 사이버 공간에서 발생 가능한 북한의 위협과 공격을 차단할 수 있는 한국적 사이버 전 대응전략을 제시했다. 본 책자는 그동안 사이버 전을 연구해온 국내외 안보 전문가들의 선행연구 자료를 기초로 했다. 이들의 열정이 없었다면 이 책은 나올 수 없었을 것이다.

마지막으로 본 책자의 발간에 도움을 준 출판사 관계자분들에게 감사드린다.

2014년 여름 김필재

1부

북한의 사이버 전 전략

1장
사이버 전의 개념

사이버 전(cyber warfare)[1]은 21세기 전쟁의 패러다임을 바꾼 새로운 형태의 전쟁으로 현재 거의 모든 국가들이 자국의 사이버 공간을 방어하기 위해 사이버 전력을 강화하고 있다.

미국의 16개 정보기관을 총괄하는 제임스 클래퍼 국가정보국(DNI) 국장은 2014년 1월 29일 상원 정보위원회 청문회에서 "북한과 이란의 사이버 첩보력과 공격력이 미국과 동맹들에 대한 위험요소가 되고 있다."고 경고했다. 이에 앞서 미 국방부는 2010년 4개년 「국방검토보고서」를 통해 사이버 공간을 육·해·공·우주에 이어 '제5 전장(戰場)'으로 분류해 국가 차원의 포괄적 대응 방침을 밝히기도 했다. 한국 국방부의 경우 2002년 국방정보보호발전 기본계획을 통해 사이버 전의 개념을 "사이버 공간에서 일어나는 새로운 형태의 전쟁수단으로, 컴퓨터 시스템 및 데이터 통신망 등을 교란-마비 및 무력화함으로써 적의 사이버 체계를 파괴하고 아군의 사이버 체계를 보호하는 것"이라고 정의했다.

사이버 전은 원래 정보전(Information Warfare)의 하위 개념으로 주요 전장이 사이버 공간으로 한정되고 공격목표도 제한적이며 무기체계도 국한되어 있다. 미국의 군사 전문가인 리비키(Martin C. Libicki) 랜드연구소(RAND Corporation) 연구원은 정보전을 군(軍)과 민간을 모두 포함하는 관점에서 지휘통제전, 군사정보전, 전자전, 심리전, 경제정보전, 해커전, 사이버 전 등 7가지로 분류하고 있는데[2], 각각의 구체적인 내용을 살펴보면 아래와 같다.

첫째, 지휘통제전(Command-and-Control Warfare, C2W)이다. 지휘통제전은 지휘부와 통신망을 대상으로 한다. 걸프전에서 수년간의 전투 경험이 있는 이라크의 대군에 비해 소수의 연합군이 전투에서 이라크군을 물리칠 수 있었던 것은 연합군이 이라크의 중요한 지휘통제 시스템을 붕괴시켰기 때문이다.

둘째, 군사정보전(Intelligence-Based Warfare, IBW)이다. 군사정보전은 군사정보를 수집·처리·전파하는 데 사용되는 군사정보체계를 대상으로 하는 것이다. 전장에 대한 아군(我軍)의 정보를 적의 센서로부터 보호하고, 적의 전장 정보를 최대한 수집하는 것이 목표다.

셋째, 전자전(Electronic Warfare, EW)이다. 전자전은 지휘통제전과 군사정보전에 사용되는데, 일반적으로 전자기기술과 암호기술을 군사 통신에 적용하는 것을 의미한다. 전자전의 목적은 적의 통신 능력을 저하시키고, 아군의 통신과 암호를 보호하는 것이다. 전자전은 육·해·공·우주에서 적용되며 일반적으로 적국의 레이더와 통신 또는 다른 시스템이 목표가 될 수 있다.

넷째, 심리전(Psychological Warfare, PW)이다. 심리전은 정보를 이용해 심리전을 수행하는 쪽에 유리하도록 인간의 의지와 행동을 변화시키는 것이다. 적(敵) 국민에 대한 대(對)의지(Counter-will), 적군에 대한 대(對)군(Counterforces), 적 지휘관에 대한 대(對)지휘관, 그리고 문화충돌에 대한 거부감을 희석시키는 문화전쟁(Kulturkampf) 등으로 분류할 수 있다.

다섯째, 경제 정보전(Economic Information Warfare, EIW)이다. 경제정보전은 정보전과 경제전이 결합된 것으로 특정 국가에 대해 외국과의 정보 교류를 방해하는 정보봉쇄(Information Blockade), 그리고 특정 국가가 모든 정보를 독점하는 정보제국주의(Information Imperialism)의 형태로 나타난다. 경제 정보전은 주식시장의 붕괴 또는 은행 시스템의 공격 등을 포함한다.

여섯째, 해커전(Hacker Warfare, HW)이다. 해커전은 네트워크화된 정보화사회의 취약점을 공격함으로써 물리적인 군사시스템의 파괴보다 훨씬 결정적 손실을 강요하고자 하는 일종의 전쟁양식이다. 해커전은 공격 대상 정보 시스템의 보안 취약점을 이용해 정보 시스템을 완전히 또는 간헐적으로 마비시키는 활동, 자료에 무작위로 에러(error)를 발생하도록 불법 변조하거나 유출시키는 활동, 정보를 훔치거나 악의적으로 시스템을 감시해 정보를 수집하는 활동, 유해한 정보의 삽입 및 정보를 파괴하기 위해 개인정보가 저장된 데이터에 접근하는 활동 등 다양한 방법이 존재한다. 해커전에 사용되는 도구로는 주로 바이러스, 논리폭탄, 트로이목마, 스니퍼(Sniffer) 등이 사용되고 있다.

일곱째, 사이버 전(Cyber Warfare, CW)이다. 사이버 전은 사이버 공간과 가상 인간에 대한 것으로 모든 정보전의 형태 중에서 가장 이해하기 힘든 분야이다. 사이버 전의 종류에는 크게 정보 테러리즘(Information Terrorism), 시멘틱 공격(Semantic Attack), 깁슨전(Gibson Warfare) 등이 있다. 정보 테러리즘이란 컴퓨터 해킹의 하위개념으로 정보 시스템을 물리적으로 파괴하지 않고 개인 정보를 무단으로 공개하거나 조작해 개인을 공격하는 것을 의미한다. 시멘틱 공격은 공격을 당하는 쪽에서 보았을 때 시스템이 정상적으로 동작하는 것처럼 보이지만 시스템의 수행 결과가 실제 세계와 다른 결과가 나타나도록 만드는 것이다. 깁슨전은 깁슨(William F. Gibson)의 『Neuromancer』와 같은 소설처럼 인간이 가상인물(virtual character)로 바뀌어 여러 시스템 내부를 옮겨 다니며 살면서 다른 가상의 인물들과 분쟁을 일으키는 것을 의미한다.

사이버 전은 리비키의 7가지 분류 외에 전략적 의미와 작전적 의미로 나뉘어 해석되기도 한다.[3] 전략적 의미는 정보우위를 달성하기 위해 자국(自國)의 군사부문 및 정보체계를 보호하며, 적의 군사부문 및 민간부문의 정보체계를 교란 및 파괴함으로써 적의 군사력뿐만 아니라 이를 지원하는 민간산업기반, 국가정보 기간구조를 무력화시키는 제반활동을 뜻한다. 작전적 의미는 컴퓨터 및 네트워크를 통해 디지털화된 정보가 유통되는 가상공간에서 다양한 사이버 공격수단을 이용해 적의 정보체계를 교란·거부·통제·파괴하는 등의 공격과 이를 방어하는 활동을 뜻한다.

이처럼 사이버 전은 비대면성(非對面性)과 익명성(匿名性)으로 공격 감지 및 공격자 식별이 곤란하고, 특정 대상이나 시간에 제한받지 않는다. 전시와 평시를 막론하고 공격이 가능하기 때문에 북한과 같이 은밀하게 대남 혁명을 수행하는 집단에게는 최상의 무기인 셈이다.

따라서 북한의 사이버 전은 그들의 최종목표라 할 수 있는 '전(全) 한반도의 주체사상화와 공산화 통일 완수'를 위해 사이버 공간에서 벌이는 일체의 '전자적 공격행위'로 개념을 정의할 수 있다.

2장

북한의 정보전 구축 연혁

북한이 사이버공간에 대해 관심을 가지게 된 직접적인 계기는 1991년 발생한 제1차 걸프전(Gulf War)으로 알려져 있다. 함흥컴퓨터기술대학 교수 출신의 김흥광 NK지식인연대 대표는 제1차 걸프전 이후 "북한군이 현대전쟁에서 전자전이 가지는 의의와 중요성을 심각히 받아들여 총참모부에는 지휘자동화국을, 그리고 각 군단들에는 전자전연구소를 신설하였다."고 밝힌 바 있다.[4] 이후 1999년 발생한 코소보 전쟁은 북한군 수뇌부에 C4ISR로 일컫는 첨단군사기술의 빈약함에 대한 통절한 위기의식을 갖게 했다.

북한군은 적극적인 전략수정에 뒤이어 디지털기술로 조종되는 장거리 미사일, 대공미사일, 순항미사일 등의 개발에 박차를 가했다. 그리고 개전 초에 항공 제어권을 빼앗기는 일이 없도록 전략적인 지점들에 허위 통신지휘소와 가짜 미사일 기지들을 무수히 만들어 놓고, 적군의 강력한 탐지·감시·정찰로부터 야전군의 지휘통신능력을 보존하기 위한 각종 전법들을 강구하고 강력한 전파방해 시설들을 비밀리에 각 지역에 설치했다.

이와 함께 인터넷과 초고속정보통신망의 군사적 이용이 전쟁수행에 미치는 중요성을 심각히 깨닫고 최첨단 정보기술을 갖춘 '지능형 정보전사'들을 키우기 위해 관련 기술학부들을 군사대학에 신설했다. 또한 2003년 제2차 걸프 전 당시 북한군 수뇌부는 미국의 CNN 텔레비전을 통해 시간, 분 단위로 전쟁 진행상황을 면밀히 주시했다. 북한은 미국과 영국군의 전쟁수행방법과 전투기술 기재들을 파악하며 새로운 현대전쟁의 요구에 맞게 북한군의 전투력을 높이기 위한 조치들을 강구했다.

김정일은 제2차 걸프 전 이후 북한군 수뇌부를 모아놓고 "지금까지의 전쟁은 알(총알) 전쟁, 기름전쟁이었다면 21세기 전쟁은 정보전이다. 즉 누가 평소에 적의 군사기술정보들을 더 많이 장악하고 있는가, 그리고 전장에서 적의 군사지휘정보를 얼마나 강력하게 제어하고, 자기의 정보력을 충분히 구사할 수 있는가에 따라 전쟁의 승패가 좌우된다."고 역설했다.

이처럼 세 차례에 걸친 해외 전쟁 사례를 통해 미국의 점점 강화되는 정보전 수행 능력을 실감하면서 북한은 정보전에 대한 개념과 전투전법에 대한 벤치마킹의 필요성을 절감하게 되었다. 이후 여러 방면의 논의와 의견을 수렴해 독특한 정보전 전략을 확립했다. 현재 북한의 사이버 전력은 미국, 러시아에 이어 세계 3위권 수준이다. 북한은 1만 2,000여 명(2013년 기준)의 해커부대를 운용하고 있으며, 연구기관까지 합치면 3만여 명의 사이버 전사를 보유해 역량이 미국의 CIA에 필적한다는 평가를 받고 있다.[5]

3장

북한의 정보·전자·사이버 전 전략

김정일 사후 북한의 대남 사이버 테러는 김정은이 주도하고 있는 것으로 알려져 있다. 김정은은 후계자 시절부터 자신의 정치적 입지를 구축하기 위해 사이버 테러와 전자전을 크게 활용했다. 스위스 유학파인 김정은은 귀국 후 군 간부 양성기관인 김일성군사종합대학 특설반에서 군사학을 극비리에 공부한 것으로 알려져 있다. 포병과를 졸업한 김정은은 위성항법장치(GPS)를 활용해 포사격의 정확도를 높이는 방법을 졸업논문으로 제출했다고 한다.

중국 측 정보라인에 따르면 김정은은 김일성 사망 15주년에 맞춰 대남 사이버 테러를 주도하고, 그 성공을 통해 지도력을 인정받는 테스트가 진행된 바 있다고 한다. 북한은 2009년 7.7 디도스(DDoS, 분산서비스 거부) 성공 이후 김정은을 대장으로 승진시켰는데, 한국과 미국의 주요 기관 인터넷 사이트를 마비시켰던 당시 공격이 김정은의 작품이었다.[6] 북한은 '7.7 디도스 공격'이 있기 한 달 전인 2009년 6월 일련의 대남 공작요원들을 중국에 급파했는데 여기에 사이버 전 수행요원들이 10여 명 가량 포함되어 있었다. 이 같은 이유로 국정원은 "디도스 공격은 북한 또는 북한 추종세력이 치밀하게 준비해 실행한 것으로 보인다."고 국회에 보고한 바 있다. 미국 역시 당시 대규모 사이버 공격을 벌인 배후로 북한을 지목했다.

김정은 시대 북한 정보-전자-사이버 전의 개념 및 전략을 살펴보면 아래와 같다.

북한군은 정보전의 개념을 "유사시 모든 첨단정보기술, 장비들을 총동원하여 적의 일차적 전자, 정보전 공격으로부터 아군의 지휘자동화 능력, 명령지휘통신체계를 보존하고 적의 상응한 능력을 철저히 파괴하며, 아울러 전쟁수행의 모든 목표들을 성과적으로 달성하는 데 필요하고도 충분한 정보들을 원만히 보장하기 위한 전투작전형식"이라고 정의하고 있다.

이러한 개념정립에 따라 북한군은 정보전능력을 정보제압능력과 정보획득능력 그리고 정보처리능력으로 구체화시켰다. 그리고 육·해·공군의 전투작전능력에 이러한 새로운 능력을 보충시키고 있으며, 총참모부의 정보전 지휘능력을 한층 발전시키기 위해 온갖 노력을 다하고 있다.

북한군은 공세적 정보제압능력을 구비하기 위해 적의 정보 및 정보체계를 거부·저하·와해·파괴 및 기만하기 위한 정보전 특수부대들을 조직하고 전투방법들을 마련해 가고 있다. 또한 효율성을 높이기 위해 공군과 저격, 경보사령부 등에도 종래의 직속 정찰부대들과 독립된 직속 정보정찰을 새로 조직하고 이러한 팀들 사이의 합동훈련을 강화하고 있다.

북한군 전자전 부대 출신의 장세율 북한인민해방전선(탈북자단체) 사무국장의 증언에 따르면 북한은 "군단마다 전자전 부대인 자동화부를 운영하고 있다."며 "총참모부 산하 전자전국, 정찰총국 산하 기술정책국 등이 대표 전자전 부대"라고 말했다.[7]

북한군 전자전 부대의 교범으로 쓰이고 있는 『전자전참고자료』에 따르면 "전자전유도무기는 그 원리를 알고 전술·기술적 방위대책만 잘 세우면 부대와 대상물을 얼마든지 엄호할 수 있다."며 "미제 침략군이 개발·리용하고 있는 정밀유도무기들의 GPS수신기에 대한 장애를 조성하면 명중 정확성을 떨구고 다른 곳에 유도할 수 있다."고 설명하고 있다.

이 교범은 2005년 조선인민군 군사출판사에서 발행한 것으로 비밀문건으로 분류되어 있다.

교범에는 "적외선 열 원천에 자체유도되여 땅크, 장갑차, 갱도 등을 타격하는 적외선자체유도무기들은 가짜 열 원천을 만들어 유인·기만

할 수 있다."고 적혀 있다. 북한군은 또 교범에서 전파장애탄도 소개했다. 구체적으로 "함선이나 비행기에서 상대측의 반(反)전파탐지기 미사일 타격으로부터 자체 보호를 위하여 발사한다."며 "전파탐지기 동작 파장의 0.45배 되는 길이로 만든 알루미니음박지(쌍극자반사체) 묶음으로서 해상이나 공중에 살포되면 전파반사체 구름을 형성하여 미사일을 유도한다."고 언급했다. 이 문서는 특히 함정·전투기·전차 등에 칠하는 레이더 흡수 스텔스 페인트(도료)도 개발됐음을 밝히고 있다. 문제의 페인트는 점착제 50%, 흡수제 33.4%, 톨루올 16.6% 등으로 만들어지며 1.4~1.8mm 두께로 발랐을 경우 95%의 전파를 흡수하고 3~5년간 사용할 수 있는 것으로 나타났다.

북한의 사이버 전략은 중국의 사이버 전쟁술을 모방한 '점혈전략(點穴戰略)'[8]이다. 인간으로 치면 인체의 급소가 되는 '점(點)'을 공략해 상대방을 무력화시키는 전략으로 정보 시스템의 약점을 공격해 전체를 마비시킴으로써 최대의 효과를 추구하는 전략이다.

중국은 북한과 마찬가지로 미국이 수행한 걸프 전과 코소보 전을 관전하면서 미군의 가장 취약한 부분을 컴퓨터 네트워크라고 판단했다. 미국은 유사시 군사력을 지휘통제자동화체제(C4I)와 연동해 신속하게 집중함으로써 전투를 효과적으로 수행하는 군사력을 보유하고 있다. 따라서 중국은 유사시 미군의 컴퓨터와 네트워크를 마비시키는 게 급선무라고 간파했다는 것이다.

일례로 '중국인민해방군 국방대학'은 1997년 사이버 전과 관련한 점혈전략을 "전자(사이버) 공격의 중점은 전자 시스템의 약점과 급소 부위에 두어 그 혈을 눌러 전체를 마비시킴으로써 최대의 작전효과를 추구한다."고 정리했다.

중국군과 유대관계가 깊은 북한군도 첨단무기를 가진 선진 군사력에 대응하는 방법으로 이 같은 사이버 전쟁을 벤치마킹했다는 것이 우리 군의 분석이다. 즉 국군도 미군과 유사하다고 판단하고 중국식 점혈전략을 발전시켰다는 것이다.

점혈전략에 기반을 둔 북한의 사이버 전술은 크게 세 가지이다. 첫째, 대남 도발 전 악성 코드를 남한의 컴퓨터에 잠복·은폐시키는 방법. 둘째, 컴퓨터 인터페이스를 통해 악성 코드 침투 후 본 시스템으로 확산시키는 방법. 셋째, 공장에서 컴퓨터를 생산할 때 발생하는 자기장(磁氣場)을 활용해 악성 코드를 침투시키거나 또는 간접 자장(磁場)을 만들어 컴퓨터에 장애를 일으키는 방법 등이다.

미국의 조지 부시 전 대통령의 사이버 보안 보좌관 출신의 리처드 클라크(Richard A. Clarke)는 최근 자신의 저서인 『Cyber War: The Next Threat to National Security and What to Do About It』에서 북한이 중국과 연계해 한국과 미국을 상대로 사이버 전을 수행하고 있다고 밝혔

다. 클라크 전 보좌관이 밝힌 내용을 일부 소개하면 아래와 같다.[9]

"북한 사이버 전투 부대로 알려진 '121부대'는 600명이 넘는 해커를 보유하고 있다. 정찰총국 산하 121부대의 주요 임무는 한미연합군의 'C4I'를 무력화하는 것이다. 이 부대는 중국에 소부대를 상주시키는데, 이유는 북한 내 인터넷 연결망이 너무 적어 위치가 쉽게 확인되기 때문이다. 중국 정부가 자국 내 북한 사이버 부대의 존재와 활동을 세세하게 알고 있는지는 확실하지 않으나, 중국 공안의 수사망에서 빠져나갈 가능성은 거의 없다. 특히 인터넷에 관해 중국의 수사망을 빠져나가기는 더욱 어렵다. 들리는 바로는 한 북한 사이버 소부대가 북한 접경 지역인 중국 단동시 '상해 호텔'에 주둔하고 있다고 한다. 110부대 공작원은 (호텔의) 네 개 층을 사용 중이다. 선양시에 주둔하고 있는 또 다른 부대는 묘향 호텔의 여러 층을 사용 중이다. 북한의 사이버 전투 공작원들은 중국에서 중령급 지휘관의 명령 아래 소부대로 움직이고 있다. (중략) 북한의 사이버 전 요원들은 사이버 전쟁 시뮬레이션을 훈련하며 일부는 최신 컴퓨터 기술을 배우기 위해 일본으로 잠입한다. (하략)"

국정원은 지난 5년간(2008~2012년) 정부 및 공공기관을 대상으로 한 사이버 공격이 7만 3,030건(2008년 7,965건, 2009년 1만 659건, 2010년 2만 1,245건, 2011년 1만 6,905건, 2012년 1만 6,256건) 이뤄진 것으로 집계하고 있다. 이 가운데 상당수는 북한의 소행으로 밝혀졌다. 북한이 이처

럼 대남 사이버 테러에 집중하는 이유는 아래와 같다.[10]

첫째, 사이버 테러는 큰 비용이 들지 않는 저렴한 공격방식이다. 사이버 테러는 지능적인 정보 전사들을 육성할 수만 있다면 큰 비용 없이 실행할 수 있는 비교적 손쉬운 공격 방식이다. 해커 육성도 일부의 오해처럼 최첨단의 기술력의 축적이 있어야 가능한 것이 아니다. 정보 시스템에 대한 전문적인 지식과 공격 대상으로 삼는 네트워크가 필요할 뿐이다. 경제난으로 허덕이는 북한에게 사이버 테러만큼 싸게 먹히는 대남 테러는 없다.

둘째, 사이버 테러는 테러분자가 잡힐 위험성도 비교적 크지 않다. 북한의 사이버 테러는 대부분 중국이나 제3국에서 벌어지고 있어서 적발하기 어렵다. 주지하듯이 전 세계는 인터넷으로 연결되어 있다. 숙련된 해커라면 중국의 PC방 같은 곳에서도 충분히 사이버 공격을 감행하고 유유히 사라질 수 있다. 설사 테러 분자가 붙잡힌다 해도 국가적인 차원의 '전투행위'가 아니라 일부 해커들의 개인적 행위로 치부해 버릴 수 있다.

셋째, 사이버 공격을 받은 대한민국의 입장에서는 반격하기가 어렵다. 북한은 지금까지도 전 세계적으로 자유로운 인터넷 접속을 거부하고 있는 비정상 국가이다. 반면 대한민국은 인터넷이 완전 개방되어 있다. 다시 말해 우리는 언제 공격받을지 모르는 위험을 일상적으로 갖고 있는 반면 북한으로서는 반격받을 여지가 근원적으로 차단되어 있다. 더없이 유리한 작전공간인 셈이다. 북한은 인터넷이 없으면 국가기능의 마비가 올 수도 있는 미국이나 한국 등에 대한 사이버 공격을 치밀하게 준비하고 있다.

넷째, 사이버 활동은 정보수집의 편리성 측면에서도 유리하다. 과거 아날로그 방식의 스파이 활동은 초기 투자가 많이 들어가고 정보원들이 해외에 장기간 잠복해 있어야 하는 위험성도 있었다. 그러나 사이버 정보수집은 이런 위험성이 전혀 없이 대규모 정보를 손쉽게 얻을 수 있다. 때문에 북한은 최근 몇 년 동안 사이버 전력강화에 많은 투자를 하고 있다.

'북한 정보전력 능력 분석 현황' 2006년 국회 국방위 국정감사 질의자료

■ 현황

- 북한은 중국·러시아의 정찰기와 인공위성으로부터 각종 영상 및 신호정보를 직접이나 간접적으로 제공받을 수 있는 채널을 구축해 놓은 것으로 알려짐.
- 북한군의 위성통신 수집기지는 태평양·인도양 상공 위성과의 교신내용을 감청할 수 있는 능력을 갖고 있는 것으로 알려짐.
- 북한은 동북아 지역의 통신내용을 도청할 수 있는 고주파 탐지능력 및 인도양과 태평양상의 미국 등 서방국가들의 위성통

신 교신내용을 도청할 수 있는 능력도 확보하고 있는 것으로 알려짐.

■ 북한군의 정보전력 증강 전망

- 북한군은 상대적으로 취약한 공중정보자산에 의한 정보의 수집능력 향상을 위하여 노력할 것으로 전망되고 러시아로부터 우수한 성능의 '전자정보 수집기'를 도입하여 각종 정보의 수집능력을 향상시키고 있는 것으로 알려짐.

- 북한군은 인민무력부 총참모부 경보교도지도국 예하의 기구정찰중대, 경보병여단 무선 통신 중대와 전자전국 예하의 1개 전자전 연대, 전방 군단 배속의 4개 전자전 대대를 전·후방에 배치 각종 전자지원(ES)장비에 의한 전파탐지, 통신정보 수집 등 전파 감시활동과 전시 각 지역에 분산 배치 후방 침투 활동으로 국지적인 무선 정찰, 전파 방해·공격(EA) 등이 예상됨.

■ 북한의 전자전 능력 현황

- 북한군의 전자전 부대는 총참모부 예하에 1개 전자전 연대와 전방 4개 군단에 각각 1대 대대를 편성한 후 수십여 개소의 전자전 기지를 평원선 이남에 배치.

-북한의 현재 전자전 능력을 고려해 볼 때 아군 전방의 군사시

설에 대한 정보수집에 주력하고 있고, 도·감청 능력은 남한 전 지역에 대한 신호정보 수집이 가능할 것으로 추정.

- 국방부는 북한의 전자전 수행능력에 대해 전자보호대책인 주파수 도약방식 무전기 및 비화장비(도청방지장비의 일종) 사용, 음어 및 암호화 통신 이용을 감안 시 큰 위협이 되지 않을 것으로 판단하고 있음.
- 국방부는 북한이 주파수 대역별 도·감청장비, 방해장비, 방탐장비 및 제한적인 전자재밍장비는 보유하고 있으나, 종합적인 전자전 수행능력을 갖고 있는 전자전기는 보유하고 있지 않아, 대규모의 전자전 수행 및 대응 능력은 미흡한 것으로 평가하고 있음.
- 북한은 전자전 능력을 향상시키기 위해, 1992~1993년 AN-24기를 개조하여 T-6162 전파방해장비를 장착, 방공부대를 대상으로 전자공격 훈련을 실시하고 있는 것으로 알려져 있음
- 북한은 중서부 지역에 전자정보 수집기지와 평양 지역에 수 개의 대공 전파방해장비 기지를 설치하여 운영하고 있는 것으로 알려져 있고, 여전히 신형 전자정보 수집장비 및 무선감청 수집장비 등을 확보하여 전자전 능력을 향상하고 있는 것으로 알려짐.

2부

북한의 사이버 전 수행조직

1장

북한의 대남혁명론[11]

북한의 대남(對南)혁명론은 1970년대 '민족해방인민민주주의(민족해방민중민주주의, NLPDR)' 혁명론을 기본으로 1990년대 변화된 남한 현실을 고려해 일부 내용을 수정·보완한 '민족해방민주주의(NLDR)' 혁명론이다. '민족해방민주주의' 혁명론은 2003년 10월 북한의 대표적 대남 선전·선동 웹사이트인 '반제민족민주전선(반제민전)'에서 「주체의 한국사회 변혁운동론」이라는 제목의 문건으로 게재됐다. 이후 북한은 2010년 9월 '조선노동당 규약'을 개정해 '민족해방인민민주주의'를 '민족해방민주주의'로 수정했다. 그러나 「주체의 한국사회 변혁운동론」에서는 "우리의 변혁운동은 민족해방민중민주주의 변혁운동이다."(p.57.)라고 설명하고 있어 두 이론(민족해방인민민주주의, 민족해방민주주의)이 폭력 혁명을 수반하는 한반도 공산화 노선이라는 점에 있어서는 차이가 없다.

'민족해방인민민주주의' 혁명론에서 민족해방이란 남한에서 '미제국주의 침략자들을 반대하는 투쟁을 통해 주한미군을 철수시키고, 남한을 미제국주의의 식민지적 지배로부터 벗어나게 한다.'는 것을 의미한다. 인민민주주의는 남한 내 민중이 혁명의 주체가 되어 공산 혁명을 수행해야 한다는 일종의 지역혁명론으로 1단계로 남한 내 노동자, 농민 등이 주체가 된 인민민주주의 혁명을 통해 남한의 보수정권을 타도하고 북한을 추종하는 인민정권을 수립한 다음, 2단계로 남북한 정권 사이에 '평화적'으로 통일을 한다는 것을 의미한다.

2장

북한의 대남공작 조직

북한의 대남공작부서는 그동안 '통일전선부' '대외연락부' '작전부' '35호실' 등의 공작부서와 함께 인민군 총참모부 산하 '정찰국' '국가안전보위부' 등이 존재했다. 북한은 2009년 '작전부'와 '35호실'을 인민군 총참모부 산하 '정찰국'과 통합해 '정찰총국'을 신설했으며 '대외연락부'는 노동당 내각 산하로 소속이 변경되면서 명칭이 '225국'으로 변경됐다.

통일전선부

김일성의 직접 교시에 따라 설치된 북한 노동당의 대남사업 핵심부서이

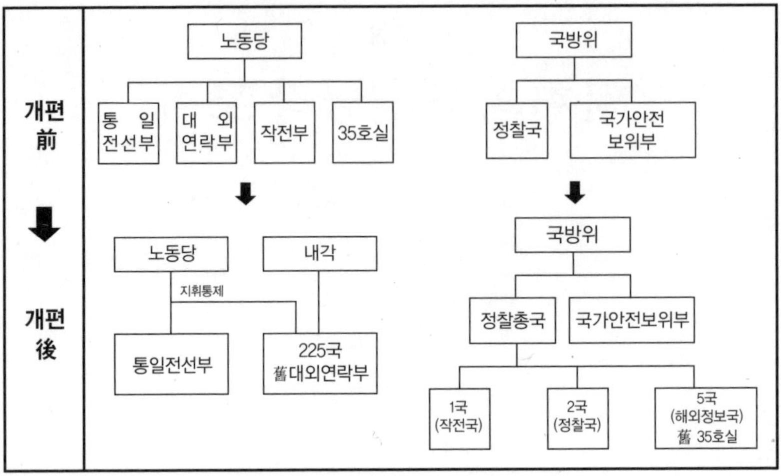

북한의 대남공작 조직(개편 전-후)

다. 통일전선 공작과 남북대화 등 대남전략·전술 업무를 실질적으로 총괄·조정·통제하는 역할을 하고 있다. 남북회담, 해외교포 및 외국인 공작사업, 대남심리전 및 통일전선 공작사업 등의 업무를 수행한다. 통일전선부 산하에는 직할부서로 간첩 우회침투 공작을 전담하는 직접침투, 남북회담과 교류업무를 전담하는 남북회담, 조총련 등 외국인 포섭공작을 담당하는 해외담당, 대남 심리전과 남한 관련 정보자료를 분석·연구하는 조국통일연구원 등이 있다. 외곽단체로는 조국평화통일위원회(조평통), 반제민족민주전선, 재북평화통일촉진협의회(재북통협), 조국통일민주주의전선(조국전선), 조선아시아태평양평화위원회(아태평화위), 민족경제협력연합회(민경련), 민족화해협의회(민화협)를 포함해 각종 연락소 등이 있다.

북한이 다당제(多黨制)로 위장하기 위해 만든 사회민주당과 천도교 청우당, 종교단체를 표방하고 있는 기독교연맹·불교도연맹·천주교인협회 등도 모두 통일전선부의 지휘·통제를 받는다. 대부분의 통일전선부 소속 대남공작 요원들은 공개적인 행사나 회담 때 주로 가명(假名)과 가직위(假職位)를 사용한다. 남북대화나 교류 등으로 낯익은 전금진(본명 전금철), 안병수(본명 안경호), 1994년 3월 남북실무접촉에서 '서울불바다' 발언으로 유명해진 박영수 등 대남전위(對南前衛)기구 간부들의 실제 소속 직책과 직급도 통일전선부 부부장 급이었다.

한편 통전부 소속의 사이버 전담부서는 「반제민족민주전선(반제민전)」 「우리민족끼리」 등 해외에 개설한 140여 개의 사이트를 통해 국내 운동권과 연계해 대남 사이버 선전·선동을 전개하고 있다. 북한이 이들 웹사이트에 게시한 대남 선전물은 2008년 1,793건, 2009년 1만 4,430건, 2010년 8만 449건, 2011년 7만 9,038건, 2012년은 1만 2,921건으로 집계되고 있다.

통일전선부 산하 조직

1. 조국평화통일위원회: 조국평화통일위원회(조평통)는 남한의 4.19혁명으로 조성된 정치사회적 혼란을 이용해 북한이 대남혁명전략을 효율적으로 수행하기 위해 각 정당, 사회단체, 각계인사 등을 망라해 급조한 대남전위 기구로 1961년 5월 13일 만들어졌다. 조평통은 위원장과 부위원장이 포함된 중앙위원회를 정점으로 그 아래 서기국을 두고 있으며, 산하에 정세판단국과 조직부, 선전부, 회담부, 조사연구부, 총무부 및 자료종합실 등의 부서가 있다. 북한은 조평통을 "정당·사회단체들과 각 계층 인사들을 망라하여 조직된 사회단체(『정치사전』, 사회과학출판사, 1973)"로 규정하고 있다. 『정치사전』은 또 조평통의 활동 목적을 "통일을 방해하는 미제와 그 주구들의 범죄책동을 폭로·규탄하는 것"이라고 적시했다.[12]

조평통의 기능과 임무는 남한 내 각계각층 인사와 해외동포를 대상으로 반정부 통일투쟁 고취, 선전활동을 전개하고 노동당의 통일 및 남북대화 정책을 대변하는 것이다.

조평통이 전개하고 있는 대남사업의 형식은 남한 내 정세변화에 대한 즉각적인 반응이나 반박을 주로 취급하는 '조평통 서기국 보도'를 비롯해 고발장, 공개질문장, 성명, 백서, 비망록 등 사안에 따라 다양하다. 내용은 대체로 남한의 정치, 경제, 사회적 문제들을 부정적 시각으로 매도하는 대남 선전·선동이 큰 비중을 차지하고 있다.[13]

조평통은 산하 인터넷 선전-선동 매체로 중국 선양에서 「우리민족끼리」를 운영하고 있다. 「우리민족끼리」는 2003년 4월 1일부터 조평통의 성명과 담화 내용을 게시하고 자체 웹사이트에서 만든 기사, 사진, 동영상 등을 게재해 인터넷 심리전을 수행하고 있다. 2010년 8월부터는 트위터와 유튜브 계정도 운영하고 있다. 한때 페이스북 계정도 운영했지만 페이스북이 이용 약관 위반을 이유로 폐쇄했다.

2011년 3월 10일 「우리민족끼리」가 운영하는 트위터가 어느 미국인 사용자와 서로 팔로잉(following)한 사실이 밝혀졌다. 2010년 12월 29일에는 통일부의 통일 준비에 관한 2011년 업무계획을 '흡수통일'이라고 비난하기도 했다.

2. 반제민족민주전선: 반제민족민주전선(반제민전)은 주체사상을 지도이념으로 남한혁명을 위한 북한의 당면 3대 투쟁목표인 '반미(反美)자주화투쟁(주한미군 철수)' '반(反)파쇼민주화투쟁(남한 내 친북정권 수립)' '조국통일투쟁(연방제통일)' 등을 수행하는 통일전선부 산하 조직이다. 김일성은 1961년 9월 11일 개최된 제4차 조선노동당 대회에서 "남한에서 4.19라는 혁명적 정세가 조성되었는데도 불구하고, 이를 남한 혁명으로 유도하지 못한 근본요인이 남한 내 '혁명적 당(黨)'이 없었기 때문"이

라며 남한 내 지하당 구축을 강조하는 교시(敎示)를 내렸다. 1961년 당시만 해도 북한이 승승장구할 무렵으로 제4차 당 대회에는 중국 공산당의 당 중앙 총서기인 덩샤오핑, 소련의 공산당 이론가 수슬로프(Mikhail Andreyevich Suslov) 등이 참가했다. 당시 당 대회에서는 대남공작의 전술적 전환을 모색하는 중요한 결정이 내려졌다.

여기서 북한은 남조선 혁명의 성격을 제국주의와 봉건주의에 반대하는 '민족해방 인민민주주의 혁명(NLPDR)'으로 규정하고, 이 대회를 통해 남한에서 '지하당 조직'의 필요성을 강조했다. 여기서 '지하당 조직'이란 남한사회 저변에 숨어서 정치(反정부·反체제 운동), 경제(노동운동), 사회문화(계급의식 고취·반미·친북 문화 조성) 분야에서 비합법, 비공개를 원칙으로 운동하는 집단을 의미한다. 지하에 숨어야 하는 만큼 핵심으로만 구성되는 두뇌조직이 지하당 조직이다. 어느 정도 사회가 이완되면 반(半)합법, 반(半)공개로 전환하며 정세가 완전히 유리하게 전개되면 비로소 합법, 공개조직으로 변신하여 각종 단체 이름을 걸고 사회에서 대중적 활동을 한다는 것이 북한의 대남혁명 전략이다.

노동당의 이 같은 전략에 따라 북한의 대남공작 지도부는 김종태, 김질락, 이문규 등을 포섭, 이들을 중심으로 남한 내에 새로운 형태의 독자적인 혁명당으로서 통일혁명당(통혁당)을 결성할 것을 지령했다. 그 결과 이들은 1964년 3월 15일 '통일혁명당 결성준비위원회'를 결성하는 데

성공했다. 이후 통혁당 주모자인 김종태는 운수업으로 위장해 통혁당 조직을 주도하면서 좌파지식인·학생·청년 등을 대량 포섭했다.

이들은 결정적 시기가 오면 무장봉기해 수도권을 장악하고 요인암살·정부전복을 기도하려 했으나 공안당국에 의해 일망타진됐다. 통혁당 사건에 연루되어 검거된 인원은 총 158명이다. 이들 중 73명이 송치됐는데, 김종태는 1969년 7월 사형이 집행됐고, 이문규 등 4명은 같은 해 9월 대법원에서 사형이 확정됐다.

공안당국은 통혁당 일당을 검거하면서 무장 공작선, 고무보트, 무전기, 기관단총, 수류탄 7개, 무반동총 1정과 권총 7정 및 실탄 140발, 12.7mm 고사총(高射銃) 1정, 중기관총 1정, 레이더 1대와 라디오 수신기 6대, 미화 3만여 달러와 한화 73만여 원 등을 압수했다.

이후 북한은 통혁당 재건 공작에 주력했다. 그러던 중 김종태가 처형된 직후인 1969년 8월 25일 대남 흑색방송인 「남조선 해방 민주민족연맹방송」을 통해 통혁당 창당선언문과 강령을 발표하며 통혁당이 실제로 존재하는 것처럼 선전했다. 북한은 1985년 8월 8일 「통혁당 목소리방송」을 통해 '통혁당 중앙위'가 당의 명칭을 '한국민족민주전선(한민전)'으로 개칭했음을 보도했다.

한민전의 태동으로 남한 내 운동권은 그동안 비밀리에 반입한 북한 관련 서적 및 복사본을 통해 학습하던 단계에서 벗어나게 됐다. 이들은

「구국의 소리」 방송의 김일성대학 방송강좌, 주체사상교양강좌, 정치철학강좌 등 소위 '운동강좌'를 직접 청취해 주체사상 및 남조선 혁명론을 체계적으로 학습했다. 한민전은 산하 인터넷 사이트인 「구국전선」을 통해 남한 내 운동권을 지도하다 2005년 3월 23일 「반제민족민주전선(반제민전)」으로 개칭했다.

그동안 반제민전의 대남선동과 직·간접적으로 연계된 사건을 정리하면 아래와 같다.[14]

6.25 미제침략전쟁 선동(2001), 여중생(미선이, 효순이) 사망 1주기 반미 결사전 선동(2004), 4.15총선 투쟁지침(2004), 남한 내 진보정당 건설 지침(2005), 전작권 환수·연합사 해체·평화체제 실현 지침(2006), 반(反)한나라당 투쟁연합 지침(2007), 광우병 소고기 수입 반대투쟁 선동(2008), 천안함 북풍 자작극 선동(2010), 반값등록금 투쟁 동참(2011), 현인택, 김태효 제거 지령(2011), 10.26 서울시장 보궐선거 특정후보 지지 선동(2011), 4.11총선투쟁 구호 하달(2012), 2012년 총선·대선 개입선동(2012)

3. 민족경제협력연합회: 민족경제협력연합회(민경련)는 과거 남한 기업들의 대북투자와 교역을 담당했던 고려민족산업발전협회의 후신(後身)인 광명성경제연합회가 1998년 헌법 개정으로 개편돼 설립됐다. 나진·선봉 지대를 제외한 북한 전 지역에서 남한기업들의 대북투자 및 교

역을 전담하는 조직으로 북한의 대외(對外)교류 창구의 역할을 한다.

민경련 산하에는 피복·경공업·농수산물 분야에서 대남경협을 전문으로 하는 광명성총회사, 전자·중공업·화학 분야에서 남한기업들과의 투자 및 교역을 담당하는 삼천리총회사, 계약 재배 등 주로 농업 부문에서 남한기업들과 합작사업을 맡고 있는 개선무역회사, 새별총회사(가죽·피복 임가공), 명지총회사(자원개발) 등으로 구성되어 있다. 이들 각 총회사는 산하에 무역회사, 공장, 기업소를 두고 있다. 예를 들어 삼천리총회사 산하에는 삼천리기술회사 등이 있으며, 사이버 전 수행조직 가운데 하나인 조선콤퓨터센터(KCC)의 경우 삼천리총회사를 통해 이른바 대남 협력사업을 진행한다.

4. 각종 연락소: 통일전선부 산하 일부 공작부서는 명칭을 숫자로 표기한다. 조직의 실체와 업무내용을 감추기 위한 일종의 위장이다. 연락소 명칭을 대체하는 숫자들은 조직을 신설할 때 김정은으로부터 사인받은 날짜를 그대로 사용하게 되어 있는 것으로 알려져 있다.

대남 문화침투를 담당하고 있는 101연락소는 5개 국(局)이 있는데, 1국은 신문 담당, 2국은 잡지, 3국은 비디오, 4국은 음악, 5국은 문예국으로 알려져 있다. 주요 업무는 남한 작가 혹은 민중작가 명의로 된 소설이나 시집 등을 창작해 대학가와 서점에 침투시키는 것이다. 주제는 反독재나 민주화부터 고려연방제 찬양, 반미 등으로 다양하다.

26연락소는 남한 내에서 방송되는 것처럼 위장된 한국민족민주전선(현 반제민전) 산하 「구국의 소리」 방송을 담당한다. 남한 억양과 발음으로 훈련된 아나운서들을 내세워 민주화운동을 호소하거나 유언비어를 유포하고 남한 정부의 정책을 왜곡하는 등의 전파침투를 맡았다. 26연락소는 자체적으로 칠보산전자악단을 운영하며 운동권 가요를 창작하거나 남한의 유명 가요 가사를 바꿔 전파를 통해 침투시키기도 했다. 운동권 가요 가운데 작자 미상으로 되어 있는 상당수 노래가 이 무렵 통일전선부의 문화 침투 흔적이다.[15]

강남출판사, 평양출판사, 목란출판사로 불리는 813연락소는 통일전선부 내 대남침투용 도서와 전단지, 잡지, 신문, 위조 신분증을 비롯한 각종 서류들을 인쇄하는 출판연락소이다. 813연락소는 간부과, 조직과, 출판과, 교정과, 심의과, 해외판매과, 설비실, 자재실, 관리실, 도서실로 구분되어 있으며 인원은 100여 명인 것으로 알려져 있다. 813연락소의 제작물들은 남한의 생산품과 똑같이 모방하기 위해 모든 자재를 재일본조선인총연합회(조총련)를 통해 들어오는데, 모든 비용은 조총련 산하 한 무역회사에서 부담하고 있다고 한다.

813연락소의 제작물들은 조총련, 재중조선인총연합회(재중총련), 러시아국제고려인통일총연합회(러시아고통련), 한국민족민주전선 산하 동남아 지역 지부들을 통해 미국, 일본, 유럽, 동남아 지역들에 배포된다. 310

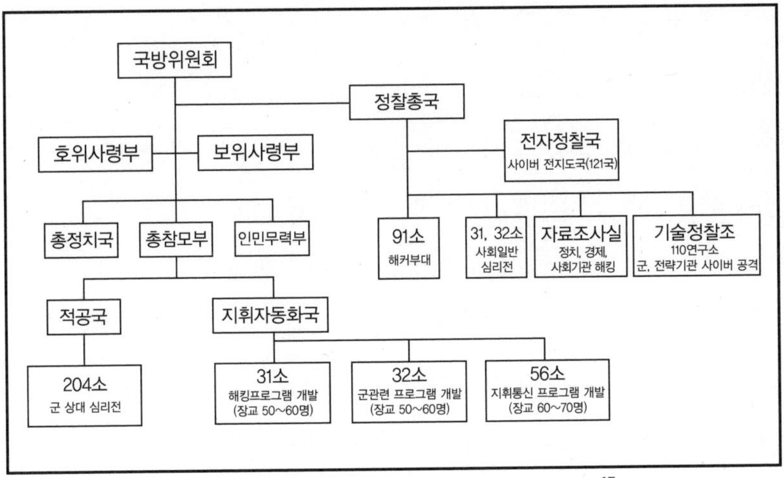

북한 국방위원회 산하 사이버부대 조직도[17]

연락소는 813연락소에서 나온 각종 인쇄물들과 삐라들을 기구를 통해 남한에 침투시키는 연락소로 개성과 해주에 각각 분포되어 있다. 이들은 통일전선부 조직원들과 달리 당 마크를 팔에 붙인 연락소 전투복을 착용하고 있다.[16]

정찰총국

정찰총국은 대남 군사첩보 수집과 무장공비 양성·남파, 요인 암살 및 테러, 주요 국가시설물 파괴 등이 주된 임무로 2009년 2월에 조직됐다. 정찰총국 산하에는 작전국(제1국, 간첩 침투 및 양성), 정찰국(제2국, 테러전문), 해외정보국(제3국, 구 35호실) 등 총 6개의 부서가 있다. 정찰총국의 등장 이후 북한 군부의 역할과 기능은 더욱 강화됐다.

특히 기존의 작전부를 흡수한 정찰총국은 북한 군부가 커다란 돈줄까지 확보한 것을 의미한다. 기존의 노동당 작전부는 위조지폐 및 마약 제조와 거래, 무기 수출 등 불법행위로 상당히 큰 돈을 주무르는 기관이었다. 정찰총국은 전방 5개 군단에 각 500~600명 규모의 정찰대대를 운용하는데, 해군에도 1개 정찰대대가 있다. 특히 해군 부대 소속 잠수함과 잠수정 침투 공작 부대는 고도의 침투·작전 능력을 보유한 것으로 알려져 있다.

1996년 9월 18일 강릉 해안가에 좌초되어 생포된 북한 잠수정 조타수 이광수는 인민무력부 정찰국 해상처 22전대 소속이었다. 1996년과 1998년 두 차례 동해안 잠수함 사건에서 보듯 정찰총국은 꾸준히 대남테러공작을 시도했다. 1983년 발생한 버마 아웅산 묘역 폭탄 테러사건과 1997년 성혜림(김정일 전처)의 조카 이한영 암살 사건도 정찰총국의 소행이었다. 정찰총국은 현재 북한 사이버 전력의 핵심조직으로 중국의 흑룡강성, 산동성, 복건성, 요령성과 북경 인근 지역에 사이버 전 수행 거점을 설치한 것으로 알려져 있다.

정찰총국 산하 사이버 전 전담 조직(제6국)으로는 '전자정찰국 사이버 전지도국(121국)', 남한의 군 관련 기관 사이버 공격을 담당하고 있는 '110호 연구소', 전문 해커 요원을 양성하는 '414연락소', 전파교란 및 해외 정보당국 사이트 해킹을 담당하고 있는 '128연락소' 등이 존재한다.

121국은 해외 컴퓨터망에 침입해 비밀자료를 해킹하고 바이러스를 유포하는 전담 부대로 소속인력만 3,000여 명에 이르는 것으로 정보 당국은 추정하고 있다. 110호 연구소(기술정찰국)는 1990년대 초 평양 고사포사령부의 컴퓨터 명령체계와 적군 전파교란 등을 연구하던 인민무력부 산하 조직을 1998년부터 해킹과 사이버 전 전담 부대로 확대 개편한 조직이다.

110호 연구소 부대원들은 사이버 테러 훈련을 집중 이수한 후 2001년부터 중국 등 해외에서 사이버 전 임무를 수행하고 있다. 남한 내 군사 관련 기관의 컴퓨터망에 침입해 비밀자료를 빼내거나 악성 바이러스를 유포하는 것이 이 기관의 주요 임무이다. 2009년 정부 각 부처 홈페이지를 마비시킨 디도스 공격을 주도한 조직이 바로 110호 연구소로 알려져 있다.

총참모부

남한의 합참에 해당되는 북한의 총참모부는 예하 '지휘자동화국'과 '적공국 204소'를 통해 사이버 전을 실행한다. 지휘자동화국(2001년 조직)의 기본임무는 사이버 전 수행에 필요한 전법, 사이버 테러 전투조직, 사이버 정보전 수행을 위한 부대 간 협동작전, 북한군 전체의 디지털 정보 작전 능력 강화이다. 이 부서에는 해킹 프로그램 개발을 전담하는 31소, 군 관련 프로그램을 개발하는 32소, 지휘통신 프로그램을 개발하는 56소가 있다.

적공국 204소에서 적공국이란 '적군와해공작국'의 약어이다. 전시에는 말 그대로 적군와해(국군과 미군) 공작을 하고 평시에는 주로 인터넷을 통해 대남 선전·선동을 하는 조직이다.

적공국 204소는 여타 사이버 전 수행 조직과 연계해 국군과 남한의 사회지도층, 대학생, 일반 국민들을 대상으로 허위정보를 유출하고 여론을 교란시켜 염전(厭戰)사상을 확산시키고, 친북세력의 제도권 진출과 사회 혼란 등을 조성하는 것을 기본임무로 하고 있다.

다음은 2004년 4월 3일자 「조선로동당 중앙군사위원회지시 제002호 전시사업세칙을 내옴에 대하여」, 2012년 9월 공개된 「조선로동당중앙위원회, 조선로

동당군사위원회, 조선민주주의인민공화국 국방위원회, 조선인민군 최고사령부 공동명령 제002호」에 반영된 적공국 관련 내용[18]

92. 적군에 대한 정치사업을 우리 당의 로선과 전략에 맞게 진공적으로 벌린다.

■ 조선인민군 총정치국을 비롯한 각급 정치기관들은 모든 작전과 전투에서 적군에 대한 정치사업을 힘 있게 벌릴 수 있도록 력량을 편성하고 적군을 포섭전취하기 위한 조직, 선전공작을 적극 벌리며 군사적 타격과 배합하여 담판, 함화, 선동, 방송선전, 삐라살포, 유인, 기만활동을 적극 벌린다. ■ 적공국은 우리 당의 전략적 방침과 적들의 사상 심리에 맞게 작전단계별로 적군을 조직 사상적으로 와해, 전취, 소멸하기 위한 대책을 조선인민군 최고사령부와 협동하여 맞물리며 방송차를 비롯한 대적기술기재들에 대한 공급과 지원(배속)을 실현하고 공작조들의 적후침투를 조직하며 그들의 활동을 지휘한다. ■ 조선인민군 최고사령부와 공군, 해군, 전선군단사령부 참모부들은 공작원들의 지상과 공중, 해상침투를 보장하여 주며 삐라를 살포하는 데 필요한 기동 및 수송수단들을 제때에 보장하고 적공국과 련계 밑에 적후에 침투한 공작원들과의 협동을 실현하도록

한다.(하략)

93. 적공국은 경애하는 최고사령관 김정일 동지의 위대한 조국통일전략사상에 따라 군사적 타격과 배합하여 전략적 및 작전적인 여론전과 적군 및 적군주민들에 대한 각성, 계발, 포섭전취활동을 활발히 벌려 도처에서 투항, 도주, 의거, 전투기피, 반전, 반미시위와 군인 폭동, 전민항쟁을 조직하여 전쟁의 승리를 보장한다.

94. 전시조건에 맞게 사업체계를 개편한다.
■ 적공국의 기구편제를 전시체계에 맞게 개편한다. ■ 공작원, 방송원양성체계를 속성교육체계로 이전하여 전선에 요구되는 수요를 보장한다. ■ 현 단계에서 대적선전수단들을 부단히 보강, 갱신한다.

95. 전시 적공사업은 다음과 같이 한다.
방어작전시기: ■ 대적선전방송은 현재 있는 전연대적방송국들과 지방당, 정권기관들에서 가지고 있는 방송선전수단들을

적극 인입하여 진행한다. ■ 적공국 기동방송대를 전투 서렬에 편입시킨다. ■ 적공국 인쇄소와 도, 시, 군들에 있는 출판인쇄 기관들에서 대적삐라를 만들어 현재 있는 대적출판물보급소들을 통하여 보급전투를 벌린다. ■ 대적방송, 보급력량과 기재들을 갱도(은폐부)에 이동전개하고 임무를 수행한다.(하략)

225국(구 대외연락부)

통일전선부가 북한의 통일방안을 만드는 '두뇌'라면 225국은 통일전선부가 만드는 통일방안을 실행하는 '수족'이다. 225국은 남한 내 친북 조직을 유지·확대하고 정당이나 사회단체에 침투하는 간첩을 관리하는 역할을 맡고 있다.

225국이 연계된 대표적 대남 공작원 및 지하당 관련 사건은 다음과 같다. 지하당 인민혁명당(인혁당) 사건(1964), 동백림 사건(1967), 지하당 통일혁명당(통혁당) 사건(1968), 경남 · 부산지역 거점 간첩 일당 사건(1974.8), 일본거점 간첩 일당 사건(1974.9), 학원침투 간첩 일당 사건(1975), 지하당 남조선민족해방전선준비위원회(남민전) 사건(1979), 지도

핵심 간첩 사건(1983), 입북 자수간첩 사건(1986), 지하당 남한조선노동당 중부지역당 사건(1992), 지하당 구국전위 사건(1994), 부여 침투 간첩 김동식 사건(1995), 부부간첩 최정남·강연정 사건(1997), 지하당 민족민주혁명당(민혁당) 사건(1999), 대만 화교간첩 사건(2006), 지하당 일심회 사건(2006), 지하당 왕재산 사건(2011).

그동안 민간을 상대로 대남 공작을 벌여온 225국은 최근 들어 중국과 일본 등지에 사이버 전 거점을 구축해 국내에 확산시킬 선전과 비방 내용 등을 지령 형태로 전달하고 있다. 225국은 최근 국내 모 대기업의 중국 현지 법인 직원을 포섭, 해당 기업의 국내 본사 전산망에 1년 동안 200여 차례 접속하기도 했다.

구체적으로 225국은 중국에서 대기업 계열 시스템통합업체(SI)인 A사의 전산망에 접속할 수 있는 ID와 패스워드를 확보한 뒤 최종적으로 정부 전산망 침투를 노렸던 것으로 알려졌다. A사는 청와대와 국방부의 전산 시스템 구축에 참여했던 업체였다. 국내 IT기업의 상당수가 인건비 문제 등으로 중국행을 택하면서 현지직원 고용이 늘어나고 있는데, 이런 사업 관행이 역으로 국내 사이버 보안에 독(毒)으로 돌아온 형국이 된 것이다.

조선콤퓨터센터

북한 사이버 전 요원의 상당수는 '조선콤퓨터센터(KCC)' 직원으로 위장해 활동한다. 평양 만경대 구역에 위치한 KCC는 소프트웨어산업총국의 산하기업이다. 김정일의 명령으로 조총련의 지원을 받아 1990년 설립됐다. 현재 8개의 연구개발센터와 11개의 지역정보센터로 이루어진 KCC는 명목상 소프트웨어 및 하드웨어 제품을 개발, 생산하는데 직원은 1,200여 명으로 알려져 있다. 연구개발 인력은 800여 명으로 이들 가운데 100여 명이 박사학위 소지자이다.

KCC산하 8개 연구개발센터의 현황은 아래와 같다.

1. 오덕산정보센터: '붉은별'을 비롯한 조선어판 윈도(Window) 등을 개발한다.
2. 만경정보센터: 전국적 인트라넷인 '광명망', 국가안전보위부 인트라넷인 '방패', 군내 인트라넷인 '금별', 국가보안성 인트라넷인 '붉은검' 등 각종 인트라넷을 개발, 설치한다.
3. 어은정보센터: 각종 기관의 인트라넷의 보안 시스템과 보안 프로그램을 개발하는 부서이다.
4. 삼일포정보센터: '우리' '목란' '하나' '고려펜' 등을 개발한

부서이다.

5. 청봉정보센터: 공장 자동화 설비를 개발하는 부서이다.

6. 소백수정보센터: 반도체 처리 체계 개발

7. 밀영정보센터: DNA 반도체, 정보기술과 의료기기를 접목한 건강기기 개발

8. 삼지연정보센터: 게임과 멀티미디어 관련 제품 개발

KCC는 현재 독일과 중국, 시리아와 아랍에미리트 등의 국가에 지사와 합영회사를 두고 있다. 독일지사는 2003년 독일인 얀 홀터만(Jan Holtermann)의 도움으로 베를린에 세워졌다. 비슷한 시기 홀터만은 평양에 인트라넷을 구축해 주었다.

'국경 없는 기자회(Reporters Without Borders)'는 당시 북한의 인트라넷 구축비용에 70만 유로화가 투입된 것으로 파악했다. 홀터만은 민감한 기술을 보내기 위해 모든 데이터를 독일 소재의 서버를 통해 인공위성으로 북한에 보냈다.

이와 함께 홀터만은 KCC가 개발한 IT기술을 2006년 하노버에서 열린 유럽 IT전시회에 소개하기도 했다.

또 다른 북한의 컴퓨터 회사인 '실리은행'의 경우 2001년 중국을 경유해 전자 메일의 발송이 가능하도록 최초로 인터넷 서비스(ISP)를 실시한

데 이어 2004년에는 중국의 선양에 소프트웨어 개발 회사인 '조선 6.15 심양 봉사소'를 설립했다.

북한 내에서는 아직까지 전자 메일의 접속이나 인터넷 사용이 극도로 제한되어 있다. 그러나 북한은 '광명네트워크'라는 인트라넷, 즉 내부 컴퓨터 망을 구축했다. 최근 들어서는 이 네트워크가 발전해 북한 내부에서 인터넷 역할을 하고 있는 것으로 알려져 있다. 북한에서 인터넷을 사용하는 사람들은 연구소나 교육기관에서 일하는 관리들뿐이다.

북한은 「우리민족끼리」와 같은 인터넷 사이트를 통해 체제 선전에 열을 올리고 있다. 한국어·중국어·러시아어·일본어로 번역되어 있는 「우리민족끼리」는 주로 김정일의 신성한 출생과 김일성의 항일 투쟁 등을 소개하고 이를 찬양하는 데 홈페이지의 대부분을 할애하고 있다.

북한 관영 「조선중앙통신」의 경우 일본 내 대남 공작 조직인 조총련을 통해 한국어와 영어, 러시아어, 스페인어로 된 자체 웹사이트를 운영하며 북한 뉴스를 매일 같이 게재하고 있다. 물론 대부분의 내용은 "김정일 국방위원장이 시리아 대통령에게 축하 메시지를 보냈다." "김정일 국방위원장의 저작이 멕시코에서 출판됐다." "캄보디아 국왕과 왕비가 프놈펜의 조선 대사관으로 화환을 보내왔다." 등으로 채워져 있다.

KCC는 조선어 버전의 리눅스 시스템을 비롯해 컴퓨터 게임을 제작하기도 했다. 놀라운 사실은 남한의 대기업이나 개발할 수 있는 핸드폰용

소프트웨어를 북한도 제작하고 있다는 점이다.

북한의 전자전 능력에 회의적인 학자들은 북한이 유사시 미국의 컴퓨터 방어망을 뚫지 못할 것으로 보고 있다. 이들은 또 북한이 한국과 일본 미국 등 IT선진국들의 정교한 기술력을 확보하는 데는 상당한 시간이 걸릴 것으로 판단하고 있다. 그러나 KCC는 이전보다 더 활발한 활동을 벌이고 있다. 북한의 IT개발은 중단 없이 진행되어 왔다. 아시아태평양안보연구센터(APCSS)의 알렉산드르 만수로프 박사는 "북한이 최근 들어 주민들에 대한 전체주의적 감시 및 통제를 강화하는 한편 정치 선전과 이데올로기 교육에도 열을 올리고 있다."고 지적했다. 그러면서 그는 "이 같은 북한의 정책이 IT산업에도 그대로 적용되고 있다. 북한의 IT 기술은 막강한 북한 군사력 증강에 큰 일조를 하고 있다."며 우려를 표명하기도 했다.[19]

3장

북한의 사이버 요원 양성 기관

2010년 6월 8일 '제8회 국방정보보호 콘퍼런스'(국군기무사령부 주최)에서 배득식 당시 국군기무사령관은 "북한은 인민학교에서부터 영재를 선발해 해커 군관으로 양성하는 등 비대칭 전력인 사이버 부대를 전략적 차원에서 육성 중에 있다."고 밝혔다.[20]

북한의 사이버 요원들은 전국의 시·도·군에 설립된 영재학교에서 최소 랭킹 3위 안에 드는 성적의 수재들이다. 이들은 중학교 1학년 때부터 컴퓨터 회로와 주변장치(1년에 80시간), C와 C++언어 프로그램 작성법(280시간), 윈도 조작체계(200시간) 등의 과목부터 배우기 시작해 3~4학년 때는 컴퓨터수학(120시간), 리눅스 프로그램 작성법(180시간), 자료구조와 알고리즘(200시간) 등을 습득한다. 5~6학년 때는 자연언어 처리와 인공

지능(160시간), 컴퓨터 통신과 네트워크(140시간), 인공지능언어(120시간) 등 이론과 실습을 모두 마친 뒤 졸업한다. 이들 과목은 우리나라 대학으로 따지면 웬만한 4년제 대학 컴퓨터 공학 전공 정규과목에 버금가는 수준이다. 또 이들은 매년 500시간에 가까운 컴퓨터 전문 교육을 받는데, 이는 남한의 대학 컴퓨터 전공학과 평균 교육 시간인 240~360시간보다 훨씬 많다.

수업의 효율성을 높이기 위해 중학교 5학년부터는 90분 강의가 이뤄지고 있다. 이렇게 해킹에 필요한 컴퓨터 지식을 중학교 때 모두 배우게 된다. 이들에게는 각종 소프트웨어와 초고속 펜티엄급 컴퓨터 장비들이 아낌없이 지원되는 것으로 알려져 있다.[21] 이처럼 혹독한 교육을 마친 학생들은 이후 북한 내 IT전문대학인 김일성종합대학 내 컴퓨터과학대학, 김책공업종합대학 내 정보기술대학, 평양컴퓨터기술대학, 함흥컴퓨터기술대학 등에 입학해 사이버 전문가로 거듭난다. 이들 가운데 정예학생들은 사이버공작 전문기관인 미림대학, 모란봉대학, 압록강대학 등에 입학하게 된다.

미림대학(1986년 설립)은 평양시 사동구역 미림동에 있으며 컴퓨터를 이용해 군 부대의 작전을 세우고 지휘 · 관리하며 군사장비 등을 도입·조정할 수 있는 전문가를 양성하는 총참모부 산하의 5년제 대학이다. 해마다 120여 명의 졸업생을 배출하고 있다. 미림대학의 학생들은 김일성

종합대학, 김책공업종합대학, 평양기계대학, 평성이과대학 등 이공계 대학의 최우등생들로 평양시와 각 도의 제1고등중학교(영재학교)에서 가장 성적이 우수한 학생들이다.

북한은 미림대학 설립 초기 학교 운영을 위해 소련과 협조계약을 맺고 40여 명의 컴퓨터 전문가를 대학교수로 초빙했다. 그러나 동구권 붕괴 후 소련의 컴퓨터 전문가들이 귀국함에 따라 이들에게서 배웠던 학생들과 이공과 계통의 대학교수 가운데 우수한 동구권 유학생들을 교수로 채용했다. 미림대학의 졸업생들은 각 군부대 자동화부 참모에서 전자전 지휘체계를 수립하고 있다.

초창기 졸업생들로만 사단급 이상 컴퓨터 지휘체계의 골격이 갖추어졌기 때문에 지금은 대대급에까지 배치돼 있는 것으로 알려져 있다. 이에 따라 학생 양성도 민간에서 선발하던 초기와 달리 최근에는 각 군부대 사병 가운데서 시험을 통해 뽑고 있다. 미림대학의 졸업생들은 정찰총국 산하 해킹 전문부대인 121국으로 우선 배치되고 있다.

모란봉대학(1997년 설립)은 정찰총국 소속으로 전산 정보처리, 암호해독, 해킹 등의 전문가를 양성한다. 모란봉대학의 설립은 1996년 강릉 무장공비 잠수함 침투 사건이 기폭제로 작용했다. 강릉 잠수함 사건 직후 노동당 내에서는 작전부 산하 대남연락소에서 남파하는 북한 공작원과 남한 내 고정간첩들의 접촉을 통한 정보획득 방식에 대한 회의론이 강력히 제기됐고, 김정일 역시 이러한 의견을 적극 수렴해 모란봉대학 설립을 전격 승인했다.

대학의 학제는 5년제이며 해마다 30명의 신입생을 선발, 입학 시기부터 인민군 중위 계급을 부여하고 전원 합숙생활을 한다. 2학년 과정까지는 무술, 사격 등 특수훈련이 병행되며 3학년부터 프로그램 언어습득, 통신감청, 암호해독, 해킹을 통한 정보획득 등의 훈련을 받는다.

졸업생들은 대부분 정찰총국 또는 각 지역 대남연락소에 배치되어 한·미·일 등 주변 국가 정보기관과 군을 대상으로 정보수집, 프로그램 파괴 등 작전을 수행한다. 일부는 외화벌이와 국제기술 훈련 차원에서 조선콤퓨터센터에 적을 두고 중국에 파견되기도 한다.

2009년 7월 11일자 「데일리NK」 보도에 따르면 모란봉대학은 그동안 북한 해커의 총본산으로 알려졌던 미림대학보다 장비와 기술, 교과체계가 앞서고 있다. 게다가 정찰총국 내에서조차 그 실체가 알려지지 않을 정도로 존재가 극비리에 부쳐져 있다고 한다.

한편 압록강대학은 첩보요원 양성대학으로 외국어·전자통신·암호해석·사이버 전을 가르친다. 이 대학의 한 해 졸업생은 약 100여 명 정도로 해킹에 대한 전문 기술을 보유하고 있는 것으로 알려져 있다.

3부

북한의 사이버 전
공격전술

1장

사이버 무기체계

사이버 전 무기체계는 일반적으로 공격대상에 적용되는 기술방식에 따라 크게 '소프트웨어' 무기와 '하드웨어' 무기로 구분한다. 즉 사이버 공간에서 공격의 시작과 끝이 이루어지면 소프트웨어 방식의 무기체계라고 하며, 물리적 공간에서 사이버 공간으로 공격이 이루어지면 하드웨어 방식의 무기체계라 한다. 소프트웨어 무기체계로는 해킹(Hacking), 컴퓨터 바이러스, 인터넷 웜(Internet Worm), 메일 폭탄(e-mail Bomb), 논리폭탄(Logic Bomb), 디도스 공격, 객체이동 가상무기(AMCW: Autonomous Mobile Cyber Weapon), 악성 코드(Malicious Code) 등이 있다.

하드웨어 무기체계로는 GPS 재밍(Global Positioning System Jamming), EMP(electromagnetic pulse) 폭탄, 나노머신(Nano machine), 치핑(Chipping),

고출력전자총(HERP, High Energy Radio Frequency Gun) 등이 존재한다.

일반적으로 사이버 무기체계는 재래식 무기체계와 달리 다음과 같은 네 가지 특징을 갖는다.[22]

첫째, 일부 하드웨어 무기를 제외하고 형태가 없는 무형성(無形性)을 지닌다. 소화기(小火器), 항공기, 함정, 전차 등과 같은 무기체계는 유형 자산이지만 바이러스, 웜 등 해킹 프로그램 자체는 눈에 보이거나 손으로 만질 수 없다. 물론 해킹 프로그램을 저장해 두는 저장장치는 유형일 수 있다.

둘째, 획득이 용이하다. 예를 들어 한국의 대표적 전차 K-2(흑표)는 기초연구, 설계, 개발, 운영시험평가 등의 과정을 거쳐서 양산된 것으로 획득시간이 장기간 소요되고 그 방법도 쉽지 않다. 그러나 사이버 무기 체계는 네트워크 및 시스템의 취약점이 발표되거나 특정 공격대상이 결정되면 해킹 프로그램을 만드는 데 오랜 시간이 소요되지 않는다. 만약 시간이 오래 소요된다면 그동안 취약점에 대한 보안패치가 이루어지고 공격대상은 특별한 보안조치를 취한 상태이기 때문에 새로운 해킹 프로그램을 작성해야 할지 모른다. 간단한 사이버 공격 도구는 인터넷을 통해서도 쉽게 구할 수 있다.

셋째, 구입비용이 저렴하다. K-2 전차는 개발비용만 3,000억 원 이상이 투입되었으나, 해킹 프로그램은 사이버 보안 전공자의 교육 및 훈련

비용, 고용비용 등을 감안해도 유형 무기체계 구입·개발 비용보다 저렴하다. 업그레이드나 버전을 향상시킬 때도 코드를 추가하거나 다른 프로그램과 맞춰서 사용할 수 있기 때문에 비용이 많이 소요되지 않는다. 또한 인터넷 공유 웹사이트를 통해서도 저비용으로 구할 수 있다.

넷째, 사이버 무기체계는 비(非)살상 무기체계이다. 사이버 무기체계는 주공격 표적이 정보통신체계나 정보, 데이터이기 때문에 인명을 대상으로 한 살상 무기가 아니다. 그러나 EMP폭탄, 고출력 전자총(HERF GUN) 등의 하드웨어 방식의 무기체계는 어느 정도의 살상력을 갖고 있는 것으로 추정된다. 최근에는 '스턱스넷(Stuxnet, 제어 시스템 악성 코드)'처럼 2차 공격 효과나 부수 효과로 인명을 살상할 수 있는 사이버 무기체계가 등장하고 있다.

소프트웨어 무기체계

1. 해킹: 전자회로나 컴퓨터 하드웨어, 소프트웨어, 네트워크, 웹사이트 등 각종 정보체계가 본래의 설계자나 관리자, 운영자가 의도하지 않은 동작을 일으키도록 하거나 체계 내에서 주어진 권한 이상으로 정보를 열람, 복제, 변경이 가능하도록 만드는 행위를 뜻한다.

2. 컴퓨터 바이러스: 사이버 공격자가 고의적으로 컴퓨터 시스템의 부트(boot) 영역, 메모리 영역, 파일 영역 등에 기생하면서 자기 증식 및 복제를 통해 다른 컴퓨터를 감염시키는 악성 프로그램이다. 컴퓨터 바이러스는 웜과 트로이 목마의 형태를 닮아가면서 다른 프로그램의 실행이 없어도 스스로 이동하거나 실행이 가능한 형태로 발전하고 있다.

또한 해킹기법과 융합해 점점 더 지능화되고 고도화되면서 응용프로그램의 취약점을 이용하거나 보안 프로그램을 삭제 또는 기능을 마비시켜 보안 프로그램이 자신을 탐지하지 못하도록 하는 공격형 바이러스로 진화하고 있다. 이러한 컴퓨터 바이러스는 네트워크를 통해 전파되고 사용자가 모르는 사이에 개인정보 유출이나 정보 파괴 등 다양한 형태의 피해를 입힐 수 있다.

3. 인터넷 웜(Worm): 네트워크 상에 연결된 다른 컴퓨터들에 자신을 스스로 복제해서 감염시키는 악성 프로그램이다. 웜은 컴퓨터 바이러스처럼 자신을 복제하는데, 가장 큰 차이는 외부 명령 없이 스스로를 복제한다는 점이다. 주로 전자 메일을 통해 전파되며, 첨부된 실행파일을 실행시켜야만 전파되는 것부터 메일을 여는 순간 감염되는 것까지 다양하다.

또한 운영체제(OS)가 윈도즈 계열일 경우 파일공유 관련 네트워크 서비스를 실행시켰을 때 이들을 통해 감염되기도 한다. 최근에는 바이러스나 해킹기술과 융합해 사용되고 있어 전파력 · 파괴력이 점점 강해지고 있는 가장 위험한 사이버 공격으로 평가받고 있다.

웜 형태의 대표적 사이버 무기로는 '스턱스넷'이 있다. 2010년 6월 컴퓨터 보안회사 'VirusBlokAda'에 의해 처음 발견되었으며, 바이러스 코드 내에 Stuxnet 키워드가 자주 등장하는 특징 때문에 스턱스넷이라고 명명됐다. 스턱스넷은 마이크로소프트(MS) 윈도우 운영체제의 '제로데이'[23] 취약점을 통해 PC에 감염되며 감염된 PC에 연결된 USB등을 통해 추가감염이 이뤄지는 형태이다. 스턱스넷의 가장 큰 특징은 공격 시 모든 시스템을 대상으로 하는 것이 아니라 산업시설의 전반적인 현황을 감시하고 제어하는 '스카다(SCADA)'[24] 시스템만을 노린다는 점이다. 스턱스넷에 감염되면 스카다 시스템이 무력화되어 산업시설 등이 제어되지 않는 등 큰 피해가 발생할 수 있다. 일반적으로 스카다 시스템은 외부와 연결되지 않은 폐쇄망 형태로 구성되어 있기 때문에 보안위협으로부터 안전하다는 인식이 있었다.

스카다 시스템의 안전을 위협하는 요소는 주로 시스템 노후화 및 장비고장에 따른 시스템 유지보수를 위한 외부인의 접근과 시설 내부자의 소행일 가능성이 매우 높다. 스턱스넷의 경우 공격 시 목표물을 감염시키기 위해 직접 침투해야 한다. 주로 USB와 같은 이동식 저장매체를 통해 감염된다. 일단 스턱스넷이 목표 시스템 환경 내의 컴퓨터 한 대만 감염시키면, 네트워크에 연결되어 있는 모든 컴퓨터에 침투가 가능하다.

스턱스넷, 미국과 이란은 사이버 전쟁 중[25]

이란의 헤이다이 모스레히 정보장관은 최근 미국과 이스라엘이 영국의 MI6(해외정보국)과 함께 이란의 핵시설을 겨냥한 대대적인 사이버 공격을 감행했다고 밝혔다.

모스레히의 발언은 빈말이 아니다. 그동안 「뉴욕타임스」「워싱턴포스트」, 그리고 최근에 나온 David E. Sanger가 쓴 『Confront and Conceal』 등을 통해 조금씩 보도되어온 미국 주도의 파상적인 대(對)이란 사이버 전쟁에 근거한 발언이다. 이란 당국자는 사실을 말한 것이다. 이는 이란의 핵개발 문제와 관련, 이란과 UN 안보리 상임 5개국 및 독일(P5+1)이 주도하는 이란과의 핵협상 결렬에 따라 이란을 겨냥한 미국과 이스라엘의 장기간에 걸친 사이버 전쟁이 시작됐음을 알리는 신호탄이다. 오바마의 대(對)이란 정책을 비판해온 부시 행정부 시절 NSC관료 출신의 Flynt Leverett와 Hilary Mann Leverett는 "오바마 행정부가 중대 사안이라 할 수 있는 대(對)이란 외교에서 미숙한 전략을 구사하고 있다."고 지적해왔다.

미국 주도의 공격적이며 비밀스런 대(對)이란 사이버 전쟁은 자칫 긴장을 고조시켜 미국과 이란의 전쟁 발발 가능성을 높이는 원인이 될 수도 있다. 『Confront and Conceal』의 저자인 Sanger는 그의 책에서 그동안 베일에 가려져 있던 암호명 '올림픽 게임'에 대해 자세히 묘사했다. '올림픽 게임'은 부시 행정부 시절 가동된 대(對)이란 사이버 전쟁 '코드네임'으로 오바마 행정부 들어 이 작전의 규모가 상당히 커졌다.

마이클 헤이든 전 CIA 국장은 Sanger와의 인터뷰에서 "'올림픽 게임' 작전은 한 국가의 중요 시설에 대한 (군사) 공격이나 마찬가지라고 볼 수 있다."면서 "우리는 이미 루비콘 강을 건넌 상태"라고 했다. 그러면서 그는 이란의 핵 시설에 대한 사이버 전쟁은 미국이 1945년 히로시마에 원폭을 투하한 것과 비슷한 것이라고 말했다.

이란 현지에서 활동하는 이스라엘 첩보원이 원심분리기가 설치된 나탄즈 핵시설에 접근해 정보를 수집하면, 미국의 첩보팀이 이란 핵시설 컴퓨터에 '스파이웨어'를 심는다고 한다. 이 '스파이웨어'는 일반인이 거의 접할 수 없는 독일 지멘스 사(社)의 산업 시설 제어 시스템만 공략 대상으로 삼고, 그중에서도 파괴할 특정 목표물을 스스로 선별한다.

이란은 P-1원심분리기를 리비아로부터 획득했는데, 미국과 이스라엘의 사이버 공격으로 이들 원심분리기는 만신창이가 된 상태다. 문제는 오바마 행정부가 이란에 대한 사이버 공격이 이라크와 아프간, 페르시안 걸프 지역 주둔 미군과 이스라엘, 그리고 사우디아라비아의 석유 시설에 미칠 영향을 간과하고 있는 듯하다. 오바마 행정부는 이란 핵시설을 빠져나와 인도와 인도네시아를 포함, 전 세계로 퍼진 '스턱스넷' 바이러스를 사용한 사이버 전쟁을 현재까지 진행시키고 있다. 복수의 언론 보도에 따르면 이로 인해 백악관이 내부적으로 패닉 상태에 빠진 적이 있다고 한다. Sanger에 따르면 "당시 펜타곤과 CIA 관계자들은 적대국에 사이버 무기를 최초로 사용한 것으로 인해 미국이 난처한 상황에 처하는 것이 아니냐에 대해 논의했다."고 한다. 미국은 적국으로부터의 사이버 공격에 대비하기 위한 방어 시스템을 구축하는데 수십억 달러를 지출했다. 이와 함께 펜타곤은 매우 공격적인 사이버 무기를 자체적으로 개발해왔다.

그동안 미국은 중국과 러시아가 미국 내 산업 기밀에 대한 사이버 공격을 가하면 이를 즉시 포착, 이들 국가의 행동을 비난해왔다. 미국에 대한 사이버 공격을 1941년 진주만 공격에 비유하면서 미국사회에 경종을 울린 것이다. 일례로 레온 파네타 국방장관은 "미국을 겨냥한 적국의 사이버 공격으로 미국의 발전소, 안보, 경제, 정부 시스템을 마비시키는 등 제2의 진주만 사건이 발생할 가능성이 높다."고 밝혀왔다.

이란의 경우 미국이 1941년 일본의 역할(진주만 공격)을 한 케이스라 할 수 있다. 미국은 지난 수년간에 걸쳐 사이버 전쟁 수행 능력을 확보하기 위해 많은 노력을 기울여왔다. '플랜-X'로 명명된 이 계획을 추진하는 과정에서 펜타곤 산하 '방위고등연구계획국(DARPA)'은 1억 1,000만 달러의 비용을 지출했다. 사이버 안보 전문가인 Herbert S. Lin은 "펜타곤 관계자들이 미국의 디지털 전쟁 수행능력을 재래전 수행능력 못지않게 연마해왔다."고 말했다.

이란의 핵 관련시설과 기타 주요 산업시설들을 무력화하기 위해 미국과 이스라엘은 '스턱스넷' 외에 '플레임'이라 불리는 사이버 버그(bug)를 개발하는 데 협력해왔다. 「워싱턴포스트」 보도에 따르면 "이란이 자국의 석유 시설에 대한 연속적인 사이버 공격을 하는 데에 '플레임'이 사용됐다. 익명의 서방관리의 말에 따르면 이란에 대한 사이버 공격은 지난 4월에 이뤄졌으며, 이스라엘이 미국도 모르게 작전을 수행했다."고 한다. 앞서 언급한 것처럼 모스레히 이란 정보장관의 발언은 거짓이 아닌 것으로 보인다. 문제는 미국과 이스라엘로부터 사이버 공격을 받은 이란이 앞으로 어떤 반응을 보일 것이냐이다.

4. 메일 폭탄: 짧은 시간에 수백, 수천 통의 전자 메일을 발송해 시스템 장애를 발생시키는 것을 메일 폭탄이라고 한다. 바이러스 및 대용량의 파일을 첨부한 전자메일을 무차별적으로 전송해 사용자의 시스템 메모리 사용을 상승시키거나 시스템 장애를 유발시킨다. 또한 수신자 주소로 수많은 메일링(mailing) 그룹에 가입해 반복적으로 악의적 내용의 메일을 전송하는 방법과 상대방 수신자 주소로 많은 사람들에게 대량의 메시지를 송신해 대량의 항의우편을 상대방이 수신하도록 유도하는 방법 등도 있다.

5. 논리폭탄: 해커나 크래커[26]가 프로그램 코드의 일부를 조작해 이것이 소프트웨어의 어떤 부위에 숨어 있다가 특정 조건에 달했을 경우 실행되도록 하는 것이다. 즉 논리폭탄이라는 용어 그대로 프로그램에 어떤 조건이 주어져 숨어 있던 논리에 만족되는 순간 폭탄처럼 자료나 소프트웨어를 파괴해 자동적으로 잘못된 결과가 나타나게 하는 사이버 무기이다.

6. 디도스 공격: 분산 서비스 거부 공격은 해커가 여러 대의 장비를 이용, 엄청난 분량의 데이터를 하나의 서버에만 집중적으로 전송해 특정

서버의 정상적인 기능을 방해하는 공격 행위를 의미한다. 즉 특정 홈페이지를 무력화하기 위해 악성 코드에 감염된 PC를 이용해 대량의 접속 신호를 보내는 사이버 테러 기법이다. 공격당한 홈페이지는 처리 용량을 넘어서게 되면 접속이 느려지고 결국 사이트 접속이 불가능해진다. 이러한 공격에 사용되는 해킹툴(tool)로는 '트리누(Trinoo)' 'TFN(Tribe Flood Network)' 등이 있다.

7. 객체이동 가상무기: 토마호크 순항 미사일처럼 소프트웨어가 유사시 공격 목표 및 정보체계에 정확하게 도달해 적의 통신망이나 방공망을 통제하는 중요 전산망을 파괴 또는 교란시키는 사이버 무기의 일종이다. AMCW는 산업현장에서 로봇이 작업자를 대신하는 것과 같다. 해킹 능력을 보유한 사이버 병사가 수동조작으로 전산망에 침투하는 것보다 훨씬 효율적으로 시간 제약을 받지 않고 임무를 수행할 수 있다. AMCW는 침투 흔적이 남지 않아 추적이 불가능하다는 속성 때문에 이를 퍼뜨린 실체를 파악할 수 없다는 장점이 있다.

하드웨어 무기체계

1. GPS 재밍: 전자전의 일종인 'GPS 재밍'은 GPS를 이용하는 무기체계에

구분	1차(2010.8.23~26)	2차(2011.3.4~14)	3차(2012.4.28~5.13)
통신	2G 및 WiBro 기지국 181국	2G 및 WiBro 기지국 145국	기지국 영향 없음
항공	항공기 15대	항공기 106대	항공기 1016대
선박	해군 함정 1척	함정 3척, 선박 7척	선박 218척, 어선 36척

북한에 의한 주요 GPS 전파교란 피해사례[27]

교란 전파를 발사해 정확한 위치정보를 얻지 못하게 방해하는 기술이다. GPS 재밍은 북한이 사이버·전자전 분야에서 가장 많이 활용하는 무기로 알려져 있다.

일례로 2010년 8월 서해 일대에서 항공기와 선박의 GPS가 매일 1~2시간씩 간헐적으로 수신되지 않는 현상이 나타났다. 당시에는 원인 불명이었으나 이후 전파장애가 북한군의 전자전 공격에 의한 것으로 밝혀졌다. 2011년 3월 4일 수도권 서북부 일부 지역에서 발생한 GPS 수신 장애 현상도 북한 지역에서 발사한 GPS 교란전파 때문이었다.

북한이 전파를 교란한 오후 4시쯤부터 한동안 GPS를 활용한 휴대전화 시계가 맞지 않거나 통화 품질이 저하되는 현상이 일어났다. 이 교란전파 발신지는 군사분계선과 인접한 해주와 개성 지역의 군부대로 알려졌다. 교란전파가 5~10분 간격으로 발사된 것으로 미뤄 북한이 해외에서 도입한 GPS 전파교란 장비를 시험한 것으로 추정된다.

북한은 현재 평양~원산 축선 이남에 전자전 수행을 전담하는 기지 수십 곳을 운용 중이고, 50~100㎞ 범위 내에서 GPS 전파교란을 할 수 있는 차량 탑재 재밍 장비를 러시아로부터 도입해 군사분계선(MDL) 인근 지역에 배치한 것으로 알려져 있다.

여기에다 한국의 전파탐지가 가능한 중서부 지역과 평양 인근에 전자정보 수집 기지와 전파방해 기지를 설치해 운영하는 등 전자전 능력을 지속적으로 향상시키고 있다. 최근에는 한반도 전역에 해당하는 400㎞ 이내 GPS 수신기의 사용을 방해할 수 있는 신형 24W급 교란 장비를 러시아에서 도입했다는 정보도 있다.

2. EMP 폭탄: 미래학자 앨빈 토플러는 『전쟁 반전쟁(War And Anti-War)』에서 한반도 유사시 UN의 승인을 받은 미 공군의 스텔스 전폭기와 B-2 전략 폭격기가 북한의 핵시설 3개소를 공격하는 상황을 묘사했다. 그런데 북한의 사망자는 없고 핵기폭장치 가까이에서 근무하는 기술요원이 가벼운 화상을 입었고, 그 핵시설의 기폭장치의 전자 구성품들이 용해됐다. 이것은 B-2로부터 발사된 전자폭탄(E-bomb) 또는 전자기폭탄(EMP-bomb)에 의한 마이크로웨이브 공격이었다는 것이다.

이들 폭탄은 전자기 펄스(EMP: Electromagnetic Pulse)를 발생시켜 사람에게는 피해를 주지 않고 상대방의 전자 장비를 무력화시키는 신종무기로써 'E-폭탄(Electronic Bomb)'이라고 한다. 유사시 EMP 폭탄이 도시에서 폭발하면 텔레비전, 형광등, 자동차, 컴퓨터, 휴대전화 등 반도체로 작동하는 전자기기는 모두 망가져 100년 전의 세상으로 되돌아간다.

특히 수십 미터 땅속에 철근 콘크리트로 만든 벙커일지라도 전자폭탄이 내뿜는 강력한 에너지가 환기 통로나 안테나를 통해 벙커로 흘러들어가 컴퓨터와 통신장비의 전자회로를 모두 녹여버린다. 이런 현상이 발생하는 이유는 EMP 폭탄이 터질 때 발생하는 강력한 전자기 펄스가 안테나와 전력선을 타고 이동해 민간, 군사용 가리지 않고 수백 미터 내의 전자장치를 모두 파괴하기 때문이다. EMP의 원리는 1925년 물리학자 콤프턴(Arthur H. Compton)이 발견했다. 고에너지 상태의 빛을 원자번호가 낮은 원자에 쏘면 전자를 방출시킨다는 것이 '콤프턴 효과(Compton Effect, 광자와 전자의 탄성 산란)'인데 이 원리를 무기로 만든 것이 바로 EMP 폭탄이다.

EMP 폭탄은 개발비용이 저렴한 무기체계로 알려져 있다. 호주의 첨단무기 전문가인 카를 콥(Carlo Kopp)은 "1940년대 기술로 'EMP폭탄'을 만들 수 있다."고 했으며, 미국의 과학 잡지 「Popular Mechanics」는 400달러 정도면 EMP 폭탄을 만들 수 있다고 보도했던 적도 있다.

얼마 전까지만 해도 북한의 EMP 폭탄의 보유 가능성에 대한 이야기는 '터무니없는 소설'이라는 반응이 대부분이었다. 그러나 지금은 북한이 오랫동안 EMP 폭탄을 개발해왔으며, 최근에는 실전 배치가 이뤄지고 있다는 식의 보도가 잇따라 나오고 있다.

미국의 핵무기 전문가인 피터 프라이(Peter Vincent Fry) 박사는 2003년 미국 언론과의 인터뷰에서 "EMP 폭탄을 개발한 러시아의 최고 과학자가 EMP위원회에 EMP 디자인 정보가 북한에 사고로 유출됐다."고 밝힌 바 있다. 프라이 박사는 "일단 핵무기 제조에 성공하면 슈퍼 EMP 기능을 더하는 것은 어렵지 않다."면서 "러시아 과학자들은 몇 년 안에 북한이 슈퍼 EMP폭탄을 개발할 것이라고 말했다. 당시가 2004년이었다. 2년 후 북한이 1차 핵실험을 실시했다."고 밝혔다.

그는 이어 "전문가가 아니면 당시 실험은 실패로 보일 수도 있다. 왜냐하면 많은 사람들이 북한 핵무기가 히로시마나 나가사키 급 핵폭탄처럼 약 10~25킬로톤가량의 폭발력을 가질 것으로 예상했는데, 1~3킬로톤 정도의 위력밖에 없었기 때문"이라고 말했다.

그는 그러나 "아주 낮은 폭발력이 슈퍼 EMP 폭탄의 특징"이라며 다음과 같이 설명했다.

"슈퍼 EMP 폭탄은 큰 폭발이 아니라 이른바 '콤프턴 효과'를 위해 '감마선'을 발산해 내도록 고안됐기 때문이다. 감마선이 방출될 때 피시식 꺼지는 소리가 나는데 이를 보고 핵실험이 실패한 것으로 잘못 판단한 것이다."

프라이 박사는 또 EMP 폭탄의 위력에 대해 다음과 같이 설명했다.

"EMP는 높은 상공에서 핵무기를 폭발시킬 경우 생겨나는 강력한 에너지를 가진 전자파를 말한다. 보통 고도 30Km 이상 대기권 외부에서 발생한 폭발이기 때문에 지구 표면에 핵폭발과 방사능으로 인한 피해는 없다. 반면 강력한 전자기파가 생겨나 공격 목표 지역의 모든 전기·전자 장비를 태워 버린다. 만일 미국 대륙 중심 상공 400Km에서 EMP 폭탄이 폭발하면 미국 전역의 전력망이 파괴될 수 있다."

국방부가 2012년 국정감사에서 공개한 자료(전자파 차폐 대상부대 및 전자파 방호능력 구비현황)에 따르면 우리 군은 EMP방호능력이 필요한 시설 221개소 중 단 3개소에 대해서만 EMP방호능력을 확보한 것으로 알려져 있다. 또 다른 국방부 자료(항전자 관련 북한 동향)에 따르면 군 당국은 북한의 EMP 폭탄 개발 가능성을 인정하고 있는 것으로 확인됐다. 이 때문에 우리 군의 EMP방호능력 확보는 매우 시급한 과제로 부상하고 있다.

北, 이란에 '핵(核) 전자기 펄스(EMP) 폭탄' 수출하고 있나?[28]

싱가포르의 「더 스트레이츠 타임스(The Straits Times)」는 "싱가포르 정부가 자국에 등록된 진포해운(Chinpo Shipping Company Pte. Ltd.)이 청천강호 무기밀매에 관련됐다는 정보를 지난 달 입수해 즉각 수사에 착수했다."고 지난 16일(2014년 2월) 보도했다. 청천강호는 2013년 쿠바에서 미그-21기 2대, 미그기 엔진 15기, 미사일 9기 등을 숨겨 파나마 운하를 통과하려다 적발됐으며, 2014년 2월 15일 풀려나 쿠바로 출발했다.

일본의 가토 켄 '아시아인권' 대표는 2010년 미국 언론(RFA)과의 인터뷰에서 북한이 UN의 대북제재를 피하기 위해 진포해운회사와 동해선적대행(Tonghae Shipping Agency Pte. Ltd.) 등 싱가포르 소재 해운회사를 통해 불법 무기류, 마약, 담배 등을 거래할 가능성이 있다며 이들 회사에 대한 조사를 국제사회에 촉구한 바 있다. 동해선적대행은 북한 인민무력부 산하 해운회사로 알려져 있는데, 일본 정부는 2006년 이 회사를 대량파괴무기(WMD)와 미사일 개발 프로그램에 연관된 제재 대상으로 지정했었다.

가토 대표는 2011년 2월 '일본국외특파원협회' 기자회견에서 "진포해운과 동해선적대행이 북한 군부와 밀접한 관련이 있으며, 두 회사가 대(對)중동 무기 수출을 담당하고 있다."고 밝혔다. 앞서 영국의 군사정보회사인 'IHS 제인스(IHS Jane's)'는 사진영상 분석을 통해 청천강호에 실렸던 물품이 분해된 SA-2계열의 지대공(SAM) 미사일에 사용되는 '팬송' 사격통제 레이더 (SNR-75 Fan Song) 부품이라고 밝힌 바 있다.

미국의 핵 전문가 피터 프라이 박사는 2013년 7월 24일 워싱턴의 민간단체인 '안보정책센터'가 주최한 토론회에서 북한의 SA-2가 구형 미사일이기는 하지만 재래식 탄두뿐만 아니라 핵탄두 장착이 가능하도록 설계되어 있다고 밝혔다. 프라이 박사는 "북한이 미국 남동부 인근의 공해상에서 이 미사일을 발사해 20~35킬로미터 상공에서 핵폭발을 일으킬 경우 미 동부의 전력망과 통신망 등 주요 기간시설이 마비될 수 있다."고 지적했다.

프라이 박사는 또 "미국 경제와 사회에 엄청난 혼란이 야기되고 막대한 인명과 재산 피해가 발생할 수 있는 만큼 전자기파 공격에 대한 대비책을 서둘러 마련해야 한다."고 조언했다. 당시 피터 프라이 박사와 함께 토론회에 참석했던 클레어 로페즈 '안보정책센터' 선임연구원은 이란과 베네수엘라를 직접 지목하며 "이란이 베네수엘라 발사장에서 미국을 타격하기로 마음먹는다면 ICBM까지 필요 없고 샤하브-3 중거리 미사일로 충분하다."고 밝혔다. 로페즈 연구원은 "북한이 중단거리 미사일에 핵탄두를 장착하기만 한다면 미국 인근에서 전자기파 공격을 감행할 방법은 얼마든지 있다."며 우려를 표명했다.

3. 나노머신: 나노(nano)란 그리스어 '난장이'란 의미에서 유래한 말로 10억분의 1을 가리키는 미세 단위이다. 1나노미터(nm)는 머리카락 굵기의 10만분의 1에 해당한다. 원자 하나의 크기는 대략 0.2nm 정도이므로 나노크기란 원자 수십~수백 개 정도의 크기를 말하는 것이다. 생명체로 보면 DNA 정도의 크기다. 나노기술이란 원자 하나하나를 기계적으로 빠르게 제어할 수 있는 기술이다.

즉 물질의 설계도인 결합 구조에 맞춰 원자들을 기계적으로 적절히 결합시킴으로써 원자들로부터 무엇이든 필요한 물질을 제조하는 것이다. 나노기술이 접목된 국방 분야 사례로는 탄소나노튜브, 광학 장비, 전투장비, 방호장비 분야가 있다. 사이버 전 무기체계로는 유사시 적국의 하드웨어에 침투해 전자회로기판을 파괴하는 나노로봇이 거론되고 있다.

미국의 랜드(RAND) 연구소가 발간한 「나노전쟁 시나리오와 미래전쟁」 보고서에 따르면 미군은 장차 나노기술을 활용한 전투복의 실용화를 통해 전투원이 네트워크와 연결, 네트워크 중심의 전쟁을 구현토록 할 계획을 갖고 있다. 일례로 오는 2015년에는 경계·대공방호·정찰·정보통신 등에 나노기술이 실용화되어 방어형 나노무기가 실전에 투입될 전망이며, 2025년에는 '공격형 나노무기' 대 '방어형 나노무기'의 교전이 예상된다고 한다.

실제로 나노기술은 북한이 핵과 미사일 기술과 더불어 부쩍 관심을 보이고 있는 분야이다. 북한 노동당 기관지 「노동신문」은 2013년 8월 1일 '나노기술발전의 밝은 전망'이라는 제목의 기사에서 같은 해 7월 30일 개막한 "제10차 전국나노기술부문 과학기술발표회 및 전시회가 성황을 이루고 있다."고 보도했다. 당시 「노동신문」은 "경애하는 원수님께서는 국가나노기술중심을 새로 나오도록 하시고 나노기술부문에서 이룩한 성과와 경험을 널리 보급 일반화하도록 현명하게 이끌어 주시었다."고 밝혔다. 행사에는 김일성종합대, 김형직사범대, 김책공대, 국가과학원 나노기술연구소 등 20여 개 기관의 나노기술제품 1,000여 점이 전시됐다.

이처럼 북한이 나노기술을 강조하는 것은 새로운 일은 아니다. 김정일 집권 시기에 입안한 제2차 과학기술발전 5개년 계획(2003~2007)에서 나노기술을 첨단 기술연구 중점과제로 선정하고, 2003년부터 전국나노과학기술 발표회를 매년 개최하는 등 2000년대 들어 북한은 나노기술에 엄청난 투자를 하고 있다. 김정은 체제에 들어서도 나노기술은 더욱 부각되고 있다. 김정은 체제가 나노기술을 강조하는 것은 첨단 과학기술을 통해 경제발전을 이루겠다는 '새세기 산업혁명' '지식경제강국 건설' 등의 구호를 제시하는 상황과 맞물려 있다. 그러나 그 이면에는 나노기술의 군사적 이용 가능성에 주목하고 있음을 배제할 수 없다.

4. 치핑: 컴퓨터 칩(chip)은 수백만 개의 집적회로를 포함하고 있어 구성이 복잡하다. 치핑은 그 복잡성을 이용하는 것으로 하나의 칩에 의도적으로 오작동을 유발하는 기능을 삽입·작동하게 한다. 즉 칩 내부에 원하는 장치를 삽입하여 일정시간 혹은 신호를 받으면 오작동을 일으키거나 손상시키게 한다.

5. 고출력전자총: 고출력 전자파로 컴퓨터 전자회로에 이상 현상을 일으켜 시스템 오작동을 유발하고 정지시키는 하드웨어 무기체계이다.

국내에서 유통되는 북한의 '불법 소프트웨어' 유형[29]

■ '오토' 제작·유포: 온라인 게임머니 자동사냥 프로그램인 '오토'는 북한 IT조직의 대표적인 외화벌이 사업으로 손꼽힌다. 판매대금을 월 서버 관리비 형식으로 받기 때문에 지속적인 수익 창출이 가능해 '황금알을 낳는 거위'로 인식되고 있다. 우리나라의 게임머니 시장은 연간 1조 5,000억 원 규모로 대부분 오토를 통해 수집한 게임머니가 유통된다. 북한에서 오토 프로그램 서버를 관리하고 있어 오토가 설치된 PC에 악성 코드를 자

연스럽게 심어 좀비 PC를 만든다.

■사이버 도박 뷰어 프로그램(속칭 '돋보기') 제작·유포: '돋보기'는 고스톱, 포커 등 인터넷 도박에서 상대방의 패를 볼 수 있도록 만든 뷰어 프로그램이다. 그 자체가 악성 코드이기 때문에 설치 즉시 좀비 PC가 된다. 제작 단계에서부터 국내 업체 백신 프로그램에 탐지되지 않게 고안되어 있으며, 핵심 악성 코드는 포맷을 해도 삭제되지 않도록 되어 있다.

■사설 인터넷 도박 사이트 제작 및 서버 운영: 남한 범죄자가 북한 해커와 공모해 사설 스포츠토토, 바카라 등 사설 인터넷 도박 사이트를 운영하는 경우가 많다. 북한 해킹 조직은 도박 사이트 제작·서버 관리에서부터 경쟁업체 디도스 및 연계 업체 보호까지 하고 있으며, 개발비·서버관리비 등을 통해 범죄 수익금을 획득하고 자연스럽게 우리 국민의 개인정보를 취득한다.

■스마트폰 앱 개발: 인건비가 저렴한 북한 IT 조직에 스마트폰 앱 개발 하도급을 주는 경우가 많다. 북 해커는 스마트폰 앱에 악성 코드를 심어 개인정보 및 은행거래 정보 등을 빼내 스미싱 등에 악용하고 있다. 스마트폰은 전원이 늘 켜져 있고, 거

의 모든 국민에게 보급되어 있어 개인정보 수집은 물론 모바일 테러 등에 악용될 가능성이 커 가장 심각한 위해요소로 부각되고 있다.

■ 개인정보 해킹·판매: 북한 해킹조직은 국내 쇼핑몰, 백화점, 통신사 등의 개인정보를 무차별적으로 해킹해 이를 범죄조직에 팔아넘기고 있다. 이렇게 해킹된 개인정보는 문자 스팸메시지, 보이스피싱, 위조 카드 제작 등 2차 범죄에 활용되고 있다.

■ 보이스피싱·파밍·스미싱: 최근 빈번하게 발생하는 파밍(Pharming)[30], 스미싱(Smishing)[31] 등의 대부분이 북한 해킹 조직과 연계되어 있는 것으로 파악된다. 범죄자들과 연계해 직접적인 현금 인출 방식으로 진화하고 있다.

2장

북한의 대남 사이버 공격사례

2013년 국정감사에서 국군 사이버사령부[32]는 2009~2013년 기간 동안 북한의 대남 사이버 공격으로 발생한 피해액이 8,600억 원이라고 밝혔다. 사례별 피해 금액은 2013년 3.20 사이버 테러 및 6.25 사이버 공격으로 8,000억 원, 2009년 7.7 디도스 공격 500억 원, 2011년 3.4 디도스 공격 100억 원으로 집계됐다. 북한은 특히 우리 군을 대상으로 홈페이지 공격, 악성 코드 유포, 해킹 메일 발송 등의 방법으로 2010년[33]부터 총 6,392건의 사이버 공격을 감행한 것으로 드러났다. 이와 함께 북한은 미사일 발사에 따른 국외 동향과 군 대응 방향, 군 지도부 인사이동, 해군 복제, 흉 · 휘장, 계급장 정보 등을 수집하다 적발됐다.

이외에도 사이버 사령부의 「월별 사이버 위협 분석 결과」에 따르면 우리 군을 겨냥한 사이버 공격은 '키리졸브'와 같은 한미연합 훈련이 있을 경우 5배 이상 늘어나는 것으로 알려져 있다.

국내 유해화학물질 정보 해킹

2009년 3월 5일 공군 모 사령부에 침투한 북한 해커가 국립환경과학원에서 운영 중인 '화학물질사고대응 정보 시스템(CARIS)'에 접속할 수 있는 인증서를 해킹했다. 해커들은 훔쳐낸 인증서를 이용해 CARIS에 접속, 유해화학물질 제조업체의 위치와 화학물질 정보는 물론 해당 화학물질의 유해성과 폭발시 피해범위 등 수천 건의 자료를 해킹했다.

북한의 CARIS 해킹 사건에 대해 정부 관계자는 "북한 해커 부대가 해킹을 통해 유해 화학물질을 제조하는 700여 개의 업체 또는 기관정보를 빼낸 것 같다. 1,350여 종에 달하는 유해화학물질 정보 등도 함께 빼내간 것으로 보인다."고 밝힌 바 있다.

군사전문가들은 북한이 이처럼 남한의 화학물질 정보를 입수한 이유를 북한의 '화학전 전략'과 관련이 있는 것으로 파악하고 있다. 만일 북한이 남한의 각종 화학공장들에 대한 정보를 손바닥 보듯이 알고 있다면 경우에 따라 특정 공장을 파괴해 구미의 불산 누출 사고와 같은 대재앙을 일으킬 수 있기 때문이다. 이렇게 되면 굳이 북한은 자신들의 화학무기를 쓰지 않고서도 사실상의 화생방 공격과 같은 효과를 낼 수 있다.

유사시 북한이 우리의 유해화학물질 제조시설을 작심하고 타격한다면 어떤 피해가 날까. 전문가들은 "북한은 사거리 120km의 단거리 탄도미사일(KN-O2)과 사거리 약 60km의 240mm 방사포(1문당 발사관 12~22개)를 동원해 700여 개소의 화학물질 제조시설을 공격할 가능성이 높다."고 분석하고 있다. 북한은 보다 정확한 타격을 위해 특수부대 요원 8~10명을 태운 공중침투용 AN-2기를 동원할 가능성도 있을 것이라고 한다.

1984년 12월 3일, 인도 보팔시의 유니언 카바이드 사(社) 공장에서 40여 톤의 메틸이소시안염(MIC)이 누출됐다. 메틸이소시안염은 무색무취의 독성물질로 호흡기 장애, 중추신경 장애, 면역체계 이상, 실명 등의 치명적인 피해를 일으키는 화학물질이다. 이 사고로 하룻밤 사이에 2,000여 명의 주민이 사망했고, 60만 명의 부상자가 발생했다. 얼마 후 사망자는 2만 명으로 늘어났고, 인구 75만 명의 보팔 시 시민 대부분이 피해를 입었다. 보팔 참사는 불과 2시간 동안 누출된 독가스로 인해 도시 전체가 회복불능의 피해를 입은 치명적인 사고였다.

후세인 정권은 1980년 시작된 이란·이라크 전쟁의 혼란한 틈을 타 분리 독립 운동을 본격화한 쿠르드족을 진압하기 위해 1987년부터 1년 동안 이라크 북부에 거주하는 쿠르드족을 독가스로 공격해 18만 명을 학

살했다.

국립환경과학원 관계자는 2009년 「월간조선」과의 인터뷰에서 "시중에 유통되는 3만 8,000여 화학물질 가운데 사고 발생 가능성이 높은 황산, 염산, 톨루엔, 트리클로로에틸렌 등 56종의 유해물질을 예의주시하고 있다."면서 "북한이 이러한 물질을 생산하거나 사용하는 공장을 동시다발적으로 공격한다면, 피해는 상상을 초월할 것"이라고 했다.

화생방방호사령부의 한 장교는 "북한은 남침 시 신속히 전쟁을 종결하기 위해 개전 초기부터 화학무기를 사용할 가능성이 높다."면서 "미국의 화생방 전문가들은 사린 화학작용제 650톤이면 232Km^2 내에 존재하는 인명의 30~40%를 사망시킬 수 있다고 보고 있다."고 했다. 1,700톤이면 면적 600Km^2 인 서울 인구의 30~40%를 살상하는 것이 가능하다.

7.7 디도스 공격

7.7 디도스 공격은 2009년 7월 7~10일 기간 동안 북한의 정찰총국 산하 110호 연구소 소속 사이버 요원들이 한국과 미국의 주요 정부 기관, 포털사이트, 은행 사이트 등을 '분산 서비스 거부 공격(DDoS: Distributed Denial of Service attack)'해 해당 사이트 접속 장애 및

서비스를 지연시켰던 사건이다.[34]

7.7 디도스 공격이 발생하기 3일 전, 미국 사이트를 겨냥한 1차 공격이 시작됐고, 한국에서는 7월 7일부터 공격이 시작됐다. 공격 대상에는 미국의 백악관과 한국의 청와대를 비롯해 국내 주요 언론사와 정당, 주요 포털사이트가 포함되어 있었다. 북한은 7.7 디도스 공격을 위해 약 6개월간의 치밀한 준비과정을 거쳤다. 이 과정에서 약 30만 대의 컴퓨터를 좀비 PC로 만들어 놓았는데, 7.7 디도스 공격에 사용된 좀비 PC는 이 중의 일부였다.

이와 함께 북한이 심어 놓은 악성 코드는 대략 파악된 것만 40개 정도인데, 이들은 국내 온라인 게임을 통해 유포됐다. 7.7 디도스 공격은 기존의 디도스 공격이 돈을 목적으로 행해졌던 것과 달리 사회적 공공재를 겨냥한 테러 성격을 띠고 있다는 점에 주목해야 한다.

그 근거로 첫째, 금전적 목적을 찾아보기 어려웠다는 점이다. 둘째, 국내 최대 포털사이트인 네이버를 공격하면서 그 대상을 일상적인 도구인 메일로 했다는 점이다. 셋째, 공공기관을 공격하면서 업무가 끝난 시점인 오후 6시를 골라 공격을 개시했다. 즉 충격적인 업무 마비가 목적이 아니었다는 점이다. 넷째, 지속적으로 공격을 감행하는 것이 아니라 1차 공격을 한 다음 일단 중지했다가 다음 날 같은 시간대에 재차 공격을 감행했다. 다섯째, 2차 공격에서 국내 보안업체 홈페이지를 대상에 포함시켰다. 즉 자기 자신의 실력을 널리 알리고자 하는 해커의 자만심이 바탕에 깔려 있었다. 여섯째, 좀비 PC의 하드디스크와 내부 데이터를 2009년 7월 10일 0시부터 파괴하기 시작했다.

작전계획 5027 해킹 유출

한미연합사령부(ROK-US CFC)에 근무하는 한국 측 장교가 2009년 11월 군 내부 인트라넷과 외부 인터넷이 호환되는 듀얼(dual) 컴퓨터에 USB를 꽂은 채 행정업무를 보다가 USB가 해킹 프로그램에 감염됐다. 전원을 껐다가 재부팅해 군 내부 인트라넷에서 인터넷 연결 상태로 전환하며 USB메모리를 PC에서 제거하지 않아 해킹에 노출된 것이다.

면전이 발생했을 경우 대대급 이상의 병력 동원, 배치 계획 등 한미연합군의 군사력 운용계획이 담겨 있었다. 당시 사건은 군의 사이버 보안 태세를 재편하게 만들었다.

구분	2010년	2011년	2012년	2013년	계
공격 횟수(건)	1,061	2,345	1,941	1,045	6,392

최근 3년 북한의 군 대상 사이버 공격 현황(2010.7.1~2013.8.31)[35]

유출된 자료에는 다행히 '작계 5027'[36]의 핵심 내용이 빠져 있었지만, 군은 이 사건 때문에 해킹된 자료와 관련 있는 작계 5027 내용을 수정할 필요가 있는지 검토하기도 했다. 한미연합사는 비슷한 사고의 재발을 막기 위해 인트라넷과 인터넷을 함께 사용할 수 있는 듀얼 PC를 폐기하고 향후 인터넷과 인트라넷을 따로 분리해 사용하도록 했으며, 국방부도 일부 부대에서 사용 중인 듀얼 PC를 교체했다. 2006년 국정감사 자료에 따르면 2003~2006년 6월 기간 동안 인트라넷 및 인터넷 해킹사건 19차례 중 15차례는 방위산업체 직원, 간부, 심지어는 이등병을 포함한 병사들에 의해 시도되었으며 나머지는 국내외 해커들에 의한 해킹 시도였던 것으로 나타났다.

고려대 e-메일 악성 코드 유포

2011년 11월 누군가가 고려대 정보보호대학원 졸업생의 대학원 내부 e-메일 계정으로 악성 코드가 담긴 해킹 메일을 발송했다. 악성 코드를 발송한 내부 전자우편 계정은 'cist'였다. cist로부터 날아온 메일을 열람한 PC들은 곧 악성 코드에 감염됐고, 감염된 PC에서 사용자가 e-메일로 주고받은 문건 등이 2차로 유출됐다. 메일을 주고받은 사람들을 파악해

보니 졸업 기수가 같은 것으로 확인됐다. 이로 미루어볼 때 특정 기수의 졸업생 명단과 전자우편 주소가 적힌 '동기생 수첩'을 확보한 특정세력이 계획적으로 저지른 해킹 사건으로 추정됐다.

사건 이후 국정원은 대학원 측으로부터 내부 전자우편 서버를 넘겨받아 스팸 발신지를 추적, 북한의 소행이라는 내부 결론을 내렸다. 실제로 메일에 포함된 악성 코드는 감염됐을 경우, 해당 계정의 전자우편 내용을 외부에서 들여다볼 수 있게 하는 기능이 있는데, 이는 북한의 사이버 공격에서 나타난 악성 코드 기법과 같은 수법이었다.

문제는 북한이 이 대학원을 해킹한 이유이다. 고려대 정보보호대학원 졸업생들은 상당수가 국방부 등 국가기관에 근무하는 현직 직원이거나 향후 국정원 등 안보 관련 기관 및 정보보안 업계로 진출하는 경우가 많다. 지금 당장은 단순한 졸업생 신분이지만 향후 이들이 특정 기관에 진출한 뒤를 노린 장기공작의 전초전이었던 것이다. 실제로 대학원 측은 이 사건의 중대한 의미를 인식하고, 이후 '동기생 수첩' 제작을 중단하는 등의 조치를 취한 것으로 알려져 있다.

3.4 디도스 공격

3.4 디도스 공격은 2011년 3월 4일 북한이 남한의 청와대와 국정원 등 국내 주요 40여 개 웹사이트를 디도스 공격해 해당 사이트 접속 장애 및 서비스를 지연시켰던 사건이다. 당시 공격으로 10만여 대의 PC가 감염됐고, 70개국 746개 공격명령 서버에서 실시간으로 좀비 PC를 제어하는 공격명령이 내려졌다. 사건 발행 후 경찰청 사이버 테러대응센터(CTRC)는 당시 디도스 공격에 사용된 악성 코드가 2009년 7월 7일 디도스 공격 때 사용된 것과 같고, 공격 명령을 내린 서버도 일부 같다고 밝혔다.

미국의 보안업체 맥아피(McAfee)는 2011년 7월 보고서를 통해 3.4 디도스 공격의 배후가 북한 또는 북한의 동조 세력이라는 결론을 내렸다. 보고서는 당시 사이버 공격에 대해 한국 정부가 문제를 얼마나 일찍 발견하고 복구하는지 알아보기 위한 일종의 '정찰임무'였다는 결론을 내렸다.

드미트리 알페로비치 위협분석 담당 부사장은 "이 공격이 정확히 누구의 소행인지는 말하기 어렵다."면서 "하지만 이 공격에 대한 자세한 분석 및 2009년과 2011년 공격에 사용된 코드에 대한 분석 결과는 똑같은 범인에 의해 공격이 이뤄졌을 가능성이 95%라는 점을 보여준다."고 말했다. 2009년 발생한 7.7 디도스 공격의 배후는 북한이었기 때문에 맥아피의 분석결과는 3.4 디도스 공격의 배후가 북한이었다고 인정한 것이다.

육사 총동창회 홈페이지 해킹

2011년 5월 육군사관학교(육사) 총동창회 홈페이지가 해킹당했다. 당시 북한은 해킹을 통해 육사 졸업생들의 e-메일 주소를 기수별로 확보했다. 이후 북한의 해커 요원은 마치 자신이 같은 육사 동기생인 것처럼 다른 장교들에게 해킹 프로그램이 은닉된 안부 메일을 발송했다. 이렇게 해서 대상자가 무심코 메일을 열거나 첨부 파일을 다운받으면 그 순간 바이러스에 감염되어 해당 PC에 저장된 각종 군사정보가 빠져나가도록 했다. 북한은 이런 식으로 육사 출신 장성과 장교들의 명단, e-메일 주소록 등을 기수별로 상당수 파악했다. 북한은 특히 인터넷 다음(daum) 메일 계정을 사용하는 장성 및 장교들을 대상으로 삼았던 것으로 밝혀졌다.

당시 「조선닷컴」 보도에 따르면 군 소식통은 "북한 해커에 의해 한메일(다음) 계정을 사용하는 현역 장교를 목표로 해킹 시도가 급속히 확산 중인 것으로 보인다."며 "특정 발신 계정으로 보낸 e-메일은 열어보지 말고 해당 부대의 인터넷침해사고대응팀(CERT)에 신고해 달라."는 지침을 내리기도 했다. 북한은 2010년에도 육사 총동창회나 기무사 명의로 군 관계자들에게 해킹 메일을 보낸 바 있다. 2009년엔 모 군사령부 대령급 실무 책임자 개인 메일로 해킹 메일을 보낸 사실이 보안 당국에 적발되기도 했다.

농협 전산망 마비 사건

농협 전산망 마비 사건은 2011년 4월 12일 농협 전산망에 있는 자료가 대규모로 손상되어 수일에 걸쳐 전체 또는 일부 서비스 이용이 마비된 사건이다. 사건 초기에는 협력 업체에 의한 사고 가능성이 제기되었으나, 농협 측은 내부 전문가의 사이버 테러일 가능성이 높다고 보았다. 그러나 검찰은 같은 해 4월 12일 이 사건이 북한의 소행이라고 발표했다.

이유는 첫째, 사이버 테러 공격에 사용된 81개의 악성 코드 암호화 기법과 제작기법이 북한이 자행한 7.7 디도스, 3.4 디도스 공격 당시의 기법과 유사했다. 둘째, 악성 코드를 웹하드 사이트의 업데이트 프로그램인 것처럼 위장한 배포과정과 좀비 PC에 설치되는 과정, 그리고 악성 코드에 붙인 이름이 디도스 공격 당시와 대단히 흡사하다는 사실이다. 일례로 농협 전산망 장애사건에 사용된 악성 코드 중 일부는 3.4 디도스 공격 당시의 악성 코드와 이름이 똑같은 것도 있었다. 셋째, 좀비 PC를 조종하기 위해 해외에 마련한 공격명령 서버 중에 1개의 IP가 3.4 디도스 사건에 이용된 것과 동일했다. 농협 전산망 마비 사건은 7.7 디도스, 3.4 디도스 공격과 달리 농협이라는 단일 금융기관 시스템을 목표로 했다는 점에서 북한의 대남 사이버 테러의 대상이 다양화하고 있음을 알 수 있는 사례이다.

3.20 사이버 테러

3.20 사이버 테러는 2013년 3월 20일 KBS, MBC, YTN과 농협, 신한은행 등 방송, 금융 6개사 전산망 마비 사태가 발생한 사건을 말한다. 민관군(民官軍) 합동대응팀은 같은 해 4월 10일 3.20 사이버 테러의 수법과 접속기록을 면밀히 조사한 결과 북한 정찰총국의 소행인 것으로 결론 내렸다. 이에 따르면 주요 방송사(KBS, MBC, YTN)와 금융회사(신한은행, NH농협은행, 제주은행) 전산망이 2013년 3월 20일 오후 2시경 악성 코드에 감염, 총 3만 2,000여 대에 달하는 컴퓨터가 일제히 마비됐다. KBS, MBC, YTN 등 방송사에서는 이날 직원들의 PC가 멈췄고, 신한은행, NH농협은행 등 금융기관에서는 인터넷 뱅킹과 영업점 창구업무, 자동화기기(ATM) 사용 등이 일시 중단되면서 관련 거래가 2시간가량 중단됐다.

이에 따라 방송통신위원회와 안전행정부, 국방부, 국가정보원 등 10개 관련 부처는 사이버 위기 평가회의를 열고 사이버 위기 경보단계를 '관심'에서 '주의'로 격상시켰으며, 국방부도 군의 정보작전방호태세인 인포콘(INFOCON)을 4단계에서 3단계로 격상했다. 3.20 사이버 테러는 주요 방송사를 타격했다는 점에서 주목할 만하다. KBS와 같은 공영방송은 한반도 유사시 국민들에게 다양한 정보를 제공하는 국가기간 방송이다. 이 때문에 역사상 거의 모든 전쟁에서 도발 세력은 대(對)국민 정보를 차단하기 위해 가장 먼저 방송사를 장악했다. 미국의 경우 2003년 이라크 전쟁 초기 이라크 군 지휘부와 정치 지도자들에게 "사담 후세인이 사망했다."는 거짓 정보를 흘려 투항을 유도해 국가차원의 전투의지를 차단했다.

北 사이버 공격 한 방에 南 기반 시설 초토화 가능[37]

> 밤 9시 정각. 대한민국 부산 기장군 고리 원자력발전소 종합통제실 모니터에 이상한 기류가 포착됐다. 예정에 따라 운영돼야 할 제어 시스템에 사소한 문제가 생긴 듯했다. 당직 직원은 크게 신경 쓰지 않고 다음 날 제출할 보고서 작성에 열중했다. 아무도 몰랐지만, 이미 발전소 제어 시스템은 전쟁에 돌입했고, 장렬히 전사한 후였다.
>
> 악성 코드에 감염된 통합 관리 소프트웨어 'STEP7'은 발전소 제어기기인 'PLC'를 공격 완료했다. 원자력발전소 시스템이 어느새 미리 심어놓은 악성 코드의 지시대로 작동하기 시작했다. 변종 스턱스넷은 발전소를 완전히 적의 수중에서 놀아나게 했다.
>
> 같은 시간, 한국전력도 이 변종 스턱스넷의 공격을 당했다. 국가 핵심 기관과 군 시설이 밀집한 서울 종로구·중구 일대와 용

산구 미군 부대 인근의 전력이 차단됐다. 전국 각 지역의 발전소 상태가 불안정해지면서 송전이 중지됐지만, '단순 정전'인 줄로만 아는 시민들은 크게 개의치 않았다. 인천국세공항은 관제 시스템의 오작동으로 항공기 운항이 전면 중단됐다. 코레일의 KTX 운행시스템과 서울메트로의 지하철 통제 시스템이 마비돼 여기저기서 철도사고가 발생했다. 전력, 철도, 공항. 국가기반시설이 초토화되는 데 15분이면 충분했다. 철벽 방어막을 자랑했던 한국군 내부망은 패닉 상태가 됐다.

최첨단 군 지휘통신체계 'C4I(Command and Control, Communication, Computer, Intelligence)'가 무력화되면서 미군과의 공조시스템에 심각한 위험이 발생했다. 일선 부대의 컴퓨터들이 일제히 셧다운(shutdown, 작동중지)됐다.

군 통제시스템 장애는 합동참모본부와 각 군 사령부의 네트워크 마비로 이어졌다. 군은 사이버 사령부를 연초에 창설했지만, 대규모 사이버 공격을 막기엔 역부족이다. 군 지휘부와 전방 부대의 전산망이 서로 엇박자를 냈다. 손발은 멀쩡하지만, 뇌와 신경이 마비된 몸은 더 이상 싸울 능력을 상실했다.

밤 11시, 한국의 기간시설과 군 전산망이 마비된 가운데, 서해 5

도와 경기도 전방 부대 초소에서 긴급 무전 보고가 올라왔다. 북한 해안포 부대와 육군 포병 부대의 움직임이 심상치 않다는 보고다. 한 시간 후인 12시 정각, 전방 곳곳에서 북한군의 도발이 시작됐다. '첨단' 무기체계와 한미(韓미) 동맹이 있어 문제없다던 우리 국방시스템은 북한의 사이버 공격 한 방에 초토화됐다.

3장
북한의 대남 사이버 공작형태

북한의 대남 사이버 공작형태는 '사이버 테러' '사이버 간첩교신' '사이버 정보수집'과 함께 심리전의 일환인 '사이버 통일전선 구축' '사이버 선전선동' 등으로 나뉘어져 있다. 이 가운데 사이버 간첩교신, 사이버 정보수집, 사이버 통일전선 구축 문제를 중점적으로 살펴본다.

사이버 간첩교신

국정원은 북한의 대남공작 조직 225국과 정찰총국 출신 간첩을 포함해 국내 좌경(左傾) '핵심분자'를 2만여 명으로 파악하고 있다. 이들 '핵심분자'는 자신들과 긴밀하게 연계되어 있으면서 각종 투쟁의 기간인력으로 활동하는 '중심분자', 그리고 이들에 부화뇌동(附和雷同)하는 '좌파대중'으로 세력화되어 있다. 이들은 과거의 교신방식인 무전기와 드보크(간첩장비 매설장소)를 대체해 사이버 공간을 자신들만의 교신수단으로 적극 활용하고 있다.

사이버 간첩교신의 대표적인 사례는 「OO 민보」 사건이다. 인터넷 매체 「OO 민보」 대표 이모 씨는 2005년 중국에서 북한 공작원에게 포섭됐다. 이 씨는 이후 중국 유학생 명의로 된 외국계 e-메일을 통해 70여 차례 이상 북한 공작원과 교신하고, 중국 등 해외에서 북한 대남공작 조직 225국 공작원과 접촉했다. 이모 씨는 이 과정에서 자신이 운영하는 매체에 김일성·김정일 부자와 북한 체제를 찬양하고, 김정은의 3대 세습독재를 정당화하는 글을 여러 차례 올렸다. 당시 이모 씨는 북한 공작원들과 주고받은 지령이나 교신 내용 등을 은폐하기 위해 e-메일에 첨부된 그림파일 속에 별도로 암호화된 메시지 즉 '스테가노그라피(Steganography)'를 사용했다. 스테가노그라피는 2011년 발생한 왕재산 사건에서도 적발됐다. 당시 왕재산 총책 김모 씨의 USB 메모리에는 각종 신문 기사 형태의 파일 40여 건이 나왔는데 수사 당국이 이를 특수 프로그램으로 풀자 북한의 지령문이 쏟아져 나왔다.

북한과 연계된 남한 지하조직의 비밀정보 교신기법[38]

■ '왕재산' 조직원들은 '남조선혁명'을 목표로 불법 활동을 전개하는 과정에서 북한 '225국'의 지령에 따라 수사기관의 추적을 피하기 위한 비밀활동을 전개해 왔음.

■ 총책 김모는 '225국' 공작조로부터 사전에 '본부→구매업자' '지도부 성원→이사회 성원' '정세분석자료(보고)→회사경영전망자료' '조직 련락원→예약자' 등으로 사업 활동인 것처럼 위장한 음어(陰語)를 받아 통신 연락해 왔음.

(이외에도 '조선노동당→상품안내소' '코리아콘텐츠랩→인터넷 홍보회사' '반미반전평화수호→회사원들의 생존조건마련사업' 등의 음어 사용)

■ 북한의 간첩통신은 1990년대까지는 모르스 부호, 메모리식 송신기 등이 주를 이뤘으나, 1990년대 이후 인터넷의 급격한 발달에 편승하여 인터넷을 주된 통신수단으로 활용하고 있음.

■ '왕재산' 조직 역시 e-메일을 통해 지령문을 수신하거나 대북보고문을 발신하면서, 북한 공작조직이 개발하여 제공한 변신 프로그램(암호화·복호화 프로그램)인 일명 '스테가노그라피' 기법을 이용하였는데, '스테가노그라피'란 지령문이나 대북보고문 등 비밀 메시지를 암호화 변신 프로그램을 이용, 신문기사 등

커버정보 안에 은닉하여 내용뿐만 아니라 존재까지도 완전히 숨기는 최첨단 암호화 프로그램. 겉으로 보면 단순한 기사로 보이고 내용을 보려면 복호화 프로그램을 이용하여 평문으로 만들어 읽어야 함.

사이버 정보수집

북한의 대남공작기구 내 사이버 전담부서들은 남한 내 안보기관, 국가기관, 공공망 등에 대한 해킹을 통해 광범위한 정보를 수집하고, 이에 대한 역정보 및 허위정보를 흘리는 등의 공작을 전개하고 있다. 국내 컴퓨터 보안 솔루션 개발회사인 '하우리'는 2013년 9월 보도 자료를 통해 2011~2013년 기간 동안 남한의 국가 주요 정부부처 및 연구기관 등을 대상으로 사이버 정보수집 활동을 수행해온 북한 추정 해커 조직의 활동을 공개한 바 있다.

당시 하우리는 북한으로 추정되는 사이버 전 조직들이 7.7 및 3.4 디도스 대란과 3.20 및 6.25 사이버 테러 등 국내사회를 혼란시킬 목적으로 대규모 사이버 테러를 일으키는 것과 동시에 국방, 통일, 외교 분야 등의 고위공직자나 유관기관 원장 등 관련 정보를 많이 보유하고 있는 대상을 타깃으로 지속적으로 사이버첩보전을 실행해 왔다고 밝혔다.

북한의 해커 조직은 타깃으로 삼은 대상에게 사이버 정보수집을 위한 악성 코드를 감염시키기 위해 주로 한글문서 취약점을 이용해 e-메일로 한글문서를 첨부 파일 형태로 전달했으며, 대부분 감염 당시 패치가 존재하지 않는 '제로데이' 취약점을 이용했던 것으로 알려졌다.

특히 각각의 사이버 정보수집 대상에 대해 맞춤형 e-메일을 발송했는데, 국방 관련자에게는 국방관련 행사 초청 내용, 연구기관에는 관련 연구논문 및 연구주제 등의 내용으로 전달되어 첨부 파일을 읽도록 유도했다. 이와 함께 해외주재국의 대사들에게는 해당 국가의 지역 및 주제에 대한 내용으로 한글문서를 전달하는 등 악성 코드 감염을 유도하기 위한 지능적인 방법을 사용했다.

북한의 해커 조직은 악성 코드에 감염된 대상을 제어하기 위해 C&C(명령제어) 프로토콜로 e-메일을 사용했던 것으로 분석됐다. e-메일 프로토콜을 사용할 경우 정상적인 e-메일 트래픽과 구분이 어려워 네트워크 탐지 장비를 우회할 수 있으며, 특히 SSL(Secure Sockets Layer)과 같은 암호화 보안 프로토콜을 사용할 경우 탐지가 더욱 어렵다. 이를 바탕으로 메일의 제목과 첨부 파일을 통해 명령을 전달하거나 추가적인 악성 코드를 전달했으며, 첨부 파일을 통해 수집한 각종 기밀정보를 외부로 유출한 것으로 드러났다.

북한의 해커 조직이 악성 코드를 통해 수행한 사이버첩보 활동은 현재 작업화면 캡처, 키로깅(Key Logging), 각종 웹 브라우저에 저장된 계정 정보 수집, 하드디스크에 있는 파일목록 수집, 한글문서를 포함한 각종 문서 파일 수집, 추가 악성 코드 다운로드 및 실행 등이었다. 이들 해커 조직이 북한으로 추정되는 이유에 대해 하우리 관계자는 악성 코드에 사용된 암호화 기법 등이 기존에 북한 소행으로 알려진 악성 코드들과 상당 부분 유사하며, 개발 경로 및 e-메일 프로토콜 등에 한글이 사용되는 등 한글 환경에 능숙한 점, 그리고 일부 문서에 포함된 '청봉체(북한폰트)' 등을 꼽았다.

또한 e-메일 C&C를 통해 명령을 제어하는 해커 조직의 관리자 IP가 국내에서 북한의 김정일 일가를 찬양하는 게시글을 올린 IP와 일치하는 등 해커 조직의 IP 대역이 북한 정찰총국이 위치한 중국 동북3성(요령성, 길림성, 흑룡강성) 등에 위치하고 있다는 점이 해당 조직을 북한으로 추정하는 또 다른 이유였다.

사이버 통일전선 구축

북한의 대남공작 조직인 통일전선부(통전부)는 사이버 전담부서를 운영하면서 「우리민족끼리」 「반제민전」 등 140여개의 인터넷 웹사이트를 통해 대남 심리전을 전개하고 있는 것으로 알려져 있다. 통전부는 이들 웹사이트를 통해 사이버 통일전선 구축 활동을 해왔는데, 주요 목적은 친북(親北)·반미(反美)·반일(反日) 전선을 형성해 남한 국민을 좌경화(左傾化)하는 것이다. 통일전선전술은 공산주의자들이 혁명투쟁을 위해 감언이설(甘言利說)로 대중을 친공화(親共化)시키는 일종의 '보조역량' 편성전술이다.

통일전선전술에 대해 북한은 "노동계급이 당의 영도 밑에 일정한 혁명단계에서 해당한 혁명의 승리에 이해관계를 같이하는 여러 정당과 사회단체 및 개별적 인사들이 공통의 원쑤들을 반대하기 위하여 묶은 정치적 연합"이라고 기술하고 있다.

이러한 북한식 통일전선전술의 개념을 '남조선 혁명' 노선과 결부시켜 보면 한반도 공산화의 최대 장애요인이 되고 있는 주한미군을 철수시키고 남한 내 보수정권을 타도, 인민민주주의 정권을 수립하기 위해 남한의 각계각층을 조직·동원하는 '정치병합전술'이라고 할 수 있다. 따라서 북한의 대남공작 조직이 주도하는 사이버 통일전선 공작은 '사이버 공간을 적극 활용해 남한의 각계각층 민중들을 대상으로 대남 혁명역량을 강화하기 위한 일종의 연합전술'로 규정할 수 있다.

북한은 2012년 한 해 2만 건 넘는 선동 및 비방 글을 통해 국내 여론의 왜곡과 남남갈등을 조장하려고 했다.[39] 북한의 통전부와 225국, 정찰총국 등의 대남공작 조직들은 남한 국민들의 주민등록번호를 도용해 인터넷상에서 '댓글공작'을 펼쳐 이들의 주장이 마치 일반 여론인 것처럼 호도했다.

구체적인 북한 사이버 요원들의 인터넷을 통한 사이버 통일전선 구축 및 사이버 선전선동 방식은 북한 관련 주요 이슈 발생→해외 주재 간첩 및 남한 내 좌경세력에게 북한 지령 하달→남한 내 좌경세력이 해외 친북 사이트에 선전·선동 글 게시→북한 사이버 요원들이 국내 사이트에 선전선동 글 게재→국내 좌경세력은 개인 블로그와 유명 사이트에 퍼나르기→국내 유포 등의 경로를 거친다.

정보 당국의 분석에 따르면 북한 요원 1명이 선전선동 글을 게재하면 추종 세력 9명이 실시간으로 퍼 나르고 이를 90명이 읽는 것으로 알려져 있는데, 이를 '1 대 9 대 90의 법칙'이라고 한다.

“北 통전부 대남 전략 일환 인터넷 댓글팀 운영”[40]

북한 노동당 중앙위원회 산하 대남공작부서인 통일전선부가 남한의 인터넷 문화 활성에 발맞춰 댓글팀을 운영하고 있다는 주장이 제기됐다. 탈북작가로 통일전선부 출신인 장모 씨는 활발한 인터넷 문화로 댓글이 사회 여론에 영향을 주는 것을 착안해 통전부의 대남 선전 전략에도 변화가 생겼다고 「열린북한통신」을 통해 증언했다.

장 씨의 증언에 따르면 북한의 통일전선사업부에서는 이러한 남한 문화 양상에 맞춰 새로운 대남 선전 전략으로 인터넷 댓글팀을 운영하고 있다는 것. 이 댓글팀은 2001~2002년경부터 대남 선전 업무를 총괄하는 통일전선부 산하의 101연락소 3국에서 운영되고 있다고 했다. 또 인터넷 댓글팀이라는 것이 따로 존재하는 것은 아니며 인터넷을 이용하여 대남심리전을 펼치는 101연락소에 소속된 팀에서 댓글을 다는 등의 업무를 맡아보는 것이라고 설명했다. 이외에도 「구국의 소리」 방송을 운영하던 26연락소에서도 2002년부터 인터넷 대남심리전과 관련한 팀을 운영하고 있다고 전했다.

장씨는 “101연락소에 있는 팀의 경우 팀은 30여 명 가량의 남한문화 전문가들로 이뤄져 있다."며 "소속 팀원들은 남한 네티즌들 사이에서 유행하는 신조어 사용에도 능통하다."고 말했다. 실제로 장씨는 댓글팀 사무실에 들어가고자 노크를 하면 안에서 "들어오삼"이라는 인사말을 할 정도로 남한 인터넷 문화를 섭렵하고 있다는 것이다.

그는 "이 댓글팀이 네이버와 다음 등 남한의 각종 유명 포털 사이트에서 한국 사회에서 쟁점이 되고 있는 문제에 대한 글을 게시하고 댓글을 달아 이슈와 관련한 논란을 증폭시키기도 한다."며 "활동 목적은 북한 대남 선전 전략의 제1 목표인 남한 내 친북 동조 세력 확장"이라고 말했다. 심지어 "북핵이 남한을 위한 핵이라는 식의 댓글 심리전을 펼치는 것을 목격한 바 있다."고 밝히기도 했다. 북한 당국이 대남 선전 전략으로 적극 활용했던 라디오는 남한의 인터넷 보급률에 맞춰 영향력이 줄어들면서 대남 선전의 핵심 매체였던 「구국의 소리」는 2003년 8월 방송이 중단됐다. 장씨는 이후 「구국의 소리」 라디오 방송팀도 이젠 인터넷 대남심리전팀으로 대체됐다고 증언했다.

4부

국내외 사이버 안보위협 대응조직

1장

국내 사이버 안보위협 대응체계

한국은 2003년 발생한 '1.25 인터넷 대란'을 계기로 범(汎)정부 차원의 국가사이버안전 업무를 민관군 중심의 3원화 체계로 구축했다. 주요 기관으로는 국정원 산하 국가 사이버 안전센터, 경찰청 산하 사이버 테러 대응센터, 국방부 산하 사이버 사령부, 방송통신위원회 산하 인터넷 침해사고대응지원센터, 대검찰청 산하 인터넷 범죄수사센터 등이 있다.

주요 국가 사이버 위기 대응 조직을 살펴보면 다음과 같다.

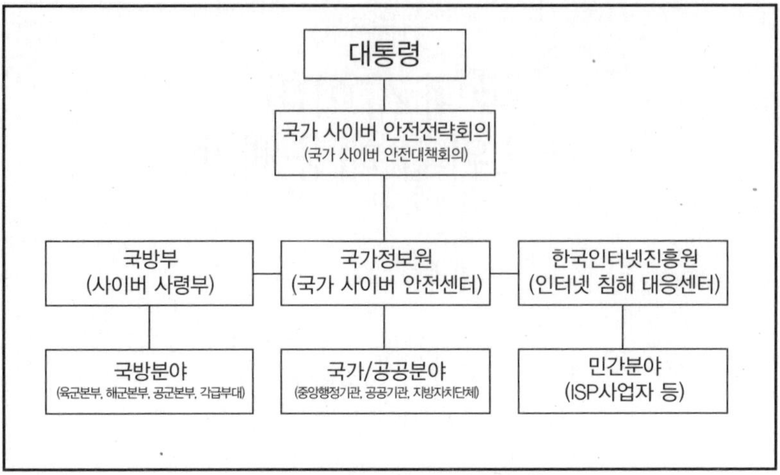

국가 사이버 안전 관리체계[41]

국가정보원

국정원은 2004년 기존의 '정보보안 119'를 확대해 '국가 사이버 안전센터(NCSC: National Cyber Security Center)'를 설립했다. 국가 사이버 안전센터는 2005년 1월 제정된 국가 사이버 안전관리규정에 의거, 국가 차원의 종합적인 사이버 공격 대응을 위해 각종 사이버 위협 정보를 수집·분석해 관련 대응 기구들과 정보공유 및 안전진단 등의 기능을 수행하고 있다.

'국가 사이버 안전전략회의(국정원장이 의장 겸직)'는 국정원 산하기관으로 국가 사이버 안전에 관한 중요사항을 심의한다. 전략회의는 국가 사이버 안전체계의 수립 및 개선에 관한 사항, 국가 사이버 안전 관련 정책 및 기관 간 역할조정에 관한 사항, 국가사이버안전 관련 대통령 지시사항에 대한 조치방안, 그 밖에 전략회의 의장이 부의(附議)하는 사항 등을 심의한다.

경찰청

경찰청은 1995년 외사관리관 산하에 분석팀과 수사팀으로 이루어진 '해커 수사대'의 발족으로 컴퓨터 관련 범죄수사를 시작했다. 1997년 8월 원자력연구소 해킹사건 등 컴퓨터 범죄가 주요 사회문제로 대두되자 경찰청은 사이버 공간에서 이루어지는 해킹, 금융기관 전산망 조작 등 각종 컴퓨터 관련 범죄예방과 수사를 전담하는 '컴퓨터 범죄수사대'를 조직했다.

경찰청은 2000년대 들어 국내외적으로 사이버 공격 양상이 심각해지자 사이버 테러리즘과 정보전에 대한 예방과 분석, 추적수사 및 대응기법 개발 등 종합적인 사이버 대응체계를 갖춘 전문기구로 '사이버 테러대응센터(CTRC: Cyber Terror Response Center)'를 창설했다. 사이버 테러

대응센터는 센터장을 중심으로 협력운영팀, 수사팀, 기획수사팀, 기술지원팀 등 4개 팀으로 구성되어 있다. 경찰청은 센터 창설과 함께 전국 14개 지방경찰청에 사이버범죄수사대를 설치해 일선 경찰서에도 사이버수사 전담반을 두어 상호 협력 활동을 전개하고 있다.

국방부

국방부는 1999년 사이버 공격의 예방과 대응을 위한 컴퓨터사고대응팀(CERT: Computer Emergency Response Team)을 구축·운영하고 있으며, 2000년 국방통합보안관제실을 국방부 CERT 상황실에 설치해 운영 중이다. 2001년 4월부터는 합동참모본부에서 정보작전 차원의 사이버 전 대응 활동을 위해 합참 정보작전방호태세(INFOCON: Information operation condition)를 제정·시행하고 있다. 국방부는 또 2002년 국방정보보호 기본계획을 수립하고 정보통신기반보호법을 근거로 국방정보통신기반보호훈령을 제정했으며, 2003년에는 육·해·공군 본부 CERT상황실과 연동된 통합보안관리 체계를 구축했다.

국방부는 2010년 1월 국군기무사령부 산하 국방정보전대응센터(2003년 11월 출범)를 확대·개편해 국방부 사이버 전 사령부를 창설했다. 국방부는 2016~2020년까지 유사시 사이버 공간에서 군사작전을 수행할 수 있도록 미래형 사이버 전 수행기술을 확보할 계획이다.

2장

주요국 사이버 안보위협 대응체계

미국

현재 사이버 테러 및 사이버 전에 가장 많은 자원을 집중하고 있는 국가는 미국이다. 미국은 1970년대 이미 사이버 공격의 심각성을 인식하고 대책을 세우고 법적 장치를 마련하기 시작했다. 미국의 사이버 대응전략은 크게 국토안보 국가전략, 국가 주요 기반시설 및 주요자산에 대한 물리적 보호전략, 사이버 공간 보호를 위한 국가전략으로 압축된다. 관련 법률로는 컴퓨터 보안법(Comuter Security Act), 국토안보법(Homeland Security Act of 2002), 애국법(USA Patriot Act of 2001), 사이버 보안연구개발법(Cyber Security Research and Development), 사이버 보안법안(Cybersecurity

Act of 2009), 해외정보감시법(FISA: Foreign Intelligence Surveillance Act), 사법집행통신지원법(CALEA: Communications Assistance for Law Enforcement Act), 연방정보보안관리법(FISMA: Fedral Information Security Management Act of 2002), 대통령령 등이 존재한다.

미국의 사이버 전 수행 조직으로는 국방부 예하 전략사령부가 사이버 사령부를 지휘·통제하며, 사이버 사령부는 지시에 따라 사이버 작전을 수행하고 각 군의 사이버 작전을 조정하며, 국방부의 정보통신체계 운영과 방어를 지휘한다. 그리고 각 군의 사이버 사령부는 각 군의 정보 네트워크를 운영·유지·방어하며, 지시에 따라 사이버 작전을 수행한다.

전략사령부는 군 사이버 작전을 지원하고 계획하며 실행한다. 계획된 합동작전을 위해 사이버 작전에 우선순위를 부여하고 전력 낭비를 예방하기 위해 중복을 방지하며 사이버 정보우세 달성을 위한 통합 및 동기화할 책임이 있다. 전략사령부 예하 사이버 사령부는 국방부가 운영하는 정보통신체계의 운영과 방어를 담당하며, 상위부서의 지시에 따라 모든 사이버 영역에 대한 군 사이버 작전을 수행할 수 있도록 조치사항을 계획, 조정, 통합, 동기화, 수행한다.

국가 임무부대는 국가 주요 기반시설(전력통제시설, 수자원 공급 시설 등)을 운영하는 정보통신 시스템을 보호한다. 전투 임무부대는 사이버 작전 임무를 수행하며, 미국에 대한 잠재적 위협을 내포한 국가들에 대해 실제 전쟁이 발발하기 전에 적의 지휘통제 시스템을 무력화하는 역할을 맡고 있다. 사이버 보호부대는 국방부가 운영하는 정보통신체계 보호 및 보안성 강화 임무를 수행한다.

미 국방부는 2005년을 기점으로 사이버 전의 초점을 기존의 '방어'에서 '공격'으로 전환하는 프로젝트에 착수했는데, 군 내부에서는 이 전략을 '플랜-X(Plan-X)'라고 부른다.[42]

플랜-X 프로젝트의 핵심은 미국의 정보수집 능력을 총동원해 '디지털 전장(戰場) 지도'를 만드는 것이다. 플랜-X에는 '자동 공격 시스템'도 도입될 예정이다. 별도로 코드를 넣는 등의 조작 없이 필요할 때 미리 짜인 시나리오에 따라 자동으로 사이버 공격을 가하는 시스템이다. 미국은 2013~2017년까지 사이버 전쟁 예산으로 15억 4,000만 달러를 배정해 놓고 있으며, 2012년 중반부터 시작된 플랜-X에는 1억 1,000만 달러 예산을 책정했다.

NSA주도 전 세계 감시 · 감청 시스템 'Echelon'[43]

1960년대 들어 그 존재가 알려지기 시작한 미국의 NSA(National Security Agency)는 국방부 산하 조직으로 '신호정보'를 총괄 담당한다. 국방부 산하에는 이밖에도 국방정보국(DIA: Defence

Intelligence Agency), 국가정찰국(NRO: National Reconnaissance Office), 중앙영상국(CIO: Central Imagery Office), 그리고 육·해·공·해병대 등 각 군 단위별 정보부대가 있다(한국에 파견된 대표적 미국의 정보부대로는 501정보여단이 있음).

인력 면에서도 NSA는 석사급 이상의 학력을 가진 3만 8,000여 명(2004년 기준)의 요원들이 근무하고 있어 미 정보기관 중 최대 규모를 자랑한다. CIA의 경우 1994년 예산액이 약 30억 달러, 인력은 1만 5,000명 정도였다. 따라서 NSA야말로 명실상부한 미국 최대 규모 정보기관인 셈이다. NSA의 주요 임무 가운데 가장 주목을 받는 프로젝트는 바로 '에셜론(Echelon Project)'으로 주로 고주파(HF) 통신 감청, 위성을 이용한 마이크로웨이브 감청, 해저케이블 및 인터넷 감청을 담당하고 있다.

에셜론 프로젝트는 1947년 영국과 미국의 비밀협정인 'UKUSA 협정'에 따라 1차 가입국인 영국(GCHQ)과 미국(NSA) 외에 호주(DSD), 뉴질랜드(GCSB), 캐나다(CSE) 등 앵글로색슨계 3개국을 참여국(제2차 가입국)으로 하여 시작됐다.

이후 NATO를 포함해 한국, 일본, 터키(제3차 가입국) 등이 가입했다. 이 가운데 제1, 2차 가입국의 경우 에셜론의 모든 감청

정보를 제공받지만 제3차 가입국의 경우 이전에 가입한 5개국과 달리 정보접근에 제한적이다. 따라서 그동안 한국이 미국으로부터 받아온 북한정보의 경우 1급 정보는 아니라고 할 수 있다. 에셜론이 처음 창설될 때는 지금처럼 강고하고 유기적인 조직은 아니었다. 그러나 1950년대 미국의 NSA가 출범한 뒤 양상은 달라졌다. 에셜론은 냉전기간 동안 끊임없이 새로운 첩보 기술을 개발하고 이 기술을 회원국에 공급했으며 이에 대한 대가로 회원국들은 대신 감청 기지를 공급했다.

현재 에셜론의 감청기지는 대부분 해당국의 간섭을 피하기 위해 독일의 '바트아이블링(Bad Aibling)'과 일본의 미사와 등 군사기지를 이용하고 있으며, 영국의 모웬스토(Morwenstow) 감청기지의 경우 '영국통신정보부(GCHQ)'의 지시를 받는 것으로 알려져 있다. 이들은 지역별로 미국은 중남미, 러시아, 아시아, 중국 등의 정보 수집을 담당하고 있으며, 캐나다는 옛 소련의 북부지역, 영국은 유럽, 아프리카 및 러시아 서부지역, 호주는 인도차이나와 서아시아지역, 뉴질랜드는 태평양 서부지역을 담당하고 있다.

에셜론은 냉전기간 동안 발전해온 다른 전자 첩보 시스템과 달리 근본적으로는 실재하는 모든 국가의 행정부와 각종조직, 그리고 기업 등 비군사적 목표물을 상대로 설계되었다. 현재 에셜론은 음성을 인식할 수 있는 최첨단 도청장치 및 기술을 가지고 있다. 이를 통해 NSA는 전화, 팩스, 계좌추적, 전자우편은 물론 항공기 및 함정의 전파 등 지구상의 모든 통신을 추적, 감청할 수 있을 정도의 막강한 정보수집 능력을 가지고 있다.

일례로 누군가 인터넷 메일이나 전화로 '폭탄(BOMB)', '테러(TERROR)' 등의 단어를 사용하게 되면 즉각 에셜론의 추적 대상이 되며 이 정보는 적도 상공을 돌고 있는 스파이 위성을 통해 NSA 본부(미 메릴랜드 주)로 보내진다. NSA는 또한 목표 건물 유리창에 레이저를 쏴서 안에서 나누는 대화 내용을 도청하는 장비도 보유하고 있다.

NSA 요원들은 이 장비를 가지고 대화로 인해 발생하는 유리창의 미세한 흔들림을 포착해 대화 내용을 청취한다. NSA는 기발한 방식으로 난국을 타개하기도 한다. 예를 들어 신문에 테러리스트에게 공중 납치된 미국인 인질사진이 실렸다면, NSA 기술진은 그 사진에 나온 테러리스트의 워키토키에 주목한다. NSA 기술진은 외양만 보면 제품사양과 주파수 대역을 알 수 있다.

일단 실낱같은 단서라도 찾아내기만 하면, 단 몇 시간 안에 자체 제작한 도청장비를 현지에 보낼 수 있다. 이외에도 NSA는 특정인의 목소리를 사전에 저장해 놓고 해당자가 통신을 이용하는 순간 즉시 그 소리를 감지하여 기록하는 기능을 보유하고 있어 세계 주요 인물들의 전화도청이나 통신과정을 감청할 수 있다.

현재 NSA는 타국 암호체계를 분석하는 일 뿐만 아니라 자국의 암호체계를 만들고 보호하는 일도 한다. 예를 들어 NSA는 FBI 요원들이 사용하는 도청방지용 주파수변환 전화기에 매일 다른 코드를 제공한다. 또 대통령이 핵무기 발사 버튼을 누를 때 자기 신분을 확인하는 절차를 입력하도록 돼 있는 암호 코드 개발도 NSA가 담당하고 있다. 이 때문에 1970년대 초 워터게이트 사건이 터졌을 때 조사단은 문제의 도청 테이프에서 녹음이 지워진 부분을 복원하기 위해서 맨 먼저 NSA를 찾아왔고, 이란 콘트라반군 사건의 주역인 올리버 노스(Oliver North) 중령은 니카라과 반군에 지원할 무기를 입수하는 과정에서 NSA로부터 15대의 암호제작기계를 구해가기도 했다.

에셜론 국제 연대망에 속한 나라들은 모두 앵글로색슨계 백인 기독교 국가들이다. 그런 만큼 이들 국가 이외의 국가들은 모두 도청과 감시의 대상이 된다. 이처럼 NSA의 활동이 무한정 팽창하자 1978년 지미 카터 대통령은 행정부 권한으로 NSA의 활동을 규제하려고 했다. 그러나 이 시도는 4년 뒤 레이건 대통령이 무산시켰다. 레이건 대통령의 명령으로 NSA는 대폭적인 지원을 받아 오늘에 이르고 있다.

1990년대 이후 일어난 가장 큰 변화는 NSA의 목표 자체가 크게 바뀌었다는 점이다. 국제무역, 아랍 테러리스트 그룹, 국제적 마약거래, 핵 확산 등이 그것이다. 특히 최근 들어 NSA가 새로 맡은 임무들 중에서 가장 논란이 많은 분야가 경제정보다. NSA는 지금까지는 외국 기업의 상업비밀을 미국의 경쟁자들에 제공하지 않은 것으로 보인다.

중국에서 만들어진 AT&T 전화기, 테네시 주에서 제작된 혼다 승용차의 시대에 NSA도 누구를 위한 스파이가 될지 누구를 감시할지 혼돈스러운 상태에 있는 것이다. 그렇다고 해서 NSA가 원칙 없이 도청을 하는 것은 아니다. 미국 기업에 손해를 끼치는 외국 기업의 불공정한 경쟁사례에 대해서만 정보를 제공한다는 것이 원칙 중 하나이다.

일례로 1994년 미 군수업체 레이시온(Raytheon)은 브라질의 큰 계약 건에서 프랑스의 톰슨(Thompson) 사를 이겼다. 당시 NSA는 톰슨사가 브라질 관리들을 매수하려 한다는 정보를 레이시온 측에 제공했다. 현재 에셜론은 미국의 외교정책과 세계의 경찰이 되려는 노력에 아주 중요한 역할을 하고 있다. 에셜론이 수집한 정보는 미국에게 우호적인 국가를 지지해 주는 데 이용되고 있지만 비우호적인 국가나 조직에 대해서는 반대의 힘을 작용시킬 수 있다. 바로 이란과 북한, 알카에다와 같은 테러 조직이 이에 해당된다. 실제로 2000년 9.11테러 발생 후 2004년 상반기까지 미국과 유럽의 정보기관들은 100건에 달하는 테러 음모를 사전 준비단계에서 차단한 것으로 알려져 있다.

중국

중국은 선진국들이 가장 위협을 느끼는 사이버 전쟁 가상적국(假想敵國)이다. 중국은 세계적 경제대국으로 성장했고, 유인 우주선을 쏘아 올릴 정도의 과학기술력까지 보유하고 있어 이미 강력한 사이버 전쟁 수행 능력을 지닌 것으로 평가되고 있다.

중국은 사이버 전쟁에 대한 준비를 일찍부터 해왔다. 1985년 국방과학기술정보센터를 설립해 정보전을 연구해왔고, 1997년 중앙군사위원회 직속의 컴퓨터 바이러스 부대가 설립됐다. 2000년에는 사이버 공격 및 정보교란 모의훈련을 임무로 하는 전담 부대를 만들었고, 2008년에는 북경 등 4대 군구(軍區) 산하에 '전자전 부대'를 창설해 운영하고 있다.

전자전부대는 미국의 매사추세츠 공대(MIT) 유학생 등 2,000여 명이 배치되어 해킹 기술 개발과 함께 외국 정부기관의 자료를 빼내는 임무를 맡고 있다. 이들 부대는 미 국방부 전산망에 침입해 일부 전산망을 1개월간 마비시키고 독일 정부의 주요부처 전산망을 해킹하는 등의 전과를 거둔 것으로 알려져 있다.

중국에는 현재 100만 명에 달하는 민간 해커들이 활동 중이다. 극단적 애국심으로 무장한 일부 중국 해커들의 경우 매우 공격적이고 무차별적인 해킹을 감행해왔다. 그러나 중국 정부는 이들 해커들이 자국 사이트를 공격하지 않는 한 처벌하지 않는 태도를 보이고 있다.

중국의 인터넷에 대한 법적 규제는 2000년 10월 11일 제15차 중국 공산당 중앙위원회 제5차 전체회의부터 엄격해졌다. 전체 국제 광대역의 80%를 점유하는 상위 2대 네트워크인 'ChinaNet'과 'China169'를 정부가 운영하고 있기 때문에 중국의 인터넷은 거대한 국가 인트라넷

(national intranet)의 모습을 띤다. 중국의 인터넷은 'ChinaNet'을 통한 일괄접속이며, 중국 정부는 반(反)정부적 내용에 대해서 엄격히 통제를 하고 있다.

중국은 또 'Red websites'를 통해 정부의 정책을 활발히 홍보하는 데도 주력하고 있어 내부 통제와 함께 홍보를 통한 결속력을 다지는 등 이중 용도로 인터넷을 활용하고 있다. 사이버 안전 관련기관으로는 국가안전부와 공안부, 국가보밀국, 인터넷경찰과 중국 침해사고 대응센터 등이 있다. 국가안전부에서는 기술정찰국이 국가암호 및 컴퓨터 보안정책을 수립하는 등 사이버 안전업무를 총괄하고 있다. 국무원의 국가보밀국에서는 정보보안을 제외한 국가 공공기관의 국가보안업무를 책임지고 보안감사, 보안정책수립 시달 및 통제감독을 담당하고 있다.

공안부에서는 중국 국가기관, 공산당과 인민대회, 국가기관 산하 국영기업 등의 중국 국가 공공기관에 납품하려는 보안제품에 대해 제품검사를 실시하고 중국의 컴퓨터 및 네트워크 보안정책과 보안제품 개발에 관여하며 암호화 절차를 결정하는 등 국가기밀을 보호하는 데 있어 핵심적 역할을 수행하고 있다.

중국의 대미(對美) 사이버 전 수행능력[44]

최근 공개된 중국의 『국방백서』에서 가장 눈에 띄는 단어는 인민해방군의 '정보화'일 것이다. 인민해방군 지상군은 2003년 초 처음으로 사이버 부대를 창설했다. 이 부대는 이후 중국 지상군 조직 가운데 가장 괄목할 만한 성장을 해왔다. 인민해방군은 90년대 후반 들어 사이버 공간의 반(反)체제 인사를 감시·추적·모니터하기 위해 인터넷과 휴대폰 네트워크 이용법에 통달하고 장비가 잘 갖춰진 중국 공안부의 전문지식을 습득했다.

인민해방군의 신(新)독트린은 미국을 비롯한 잠재적 적성국가인 대만·일본·한국·영국 등과의 분쟁에서 컴퓨터네트워크 운용에 있어 능력을 배가(倍加)시키는 것을 초점으로 하고 있다. 인민해방군 산하 사이버 부대는 고도로 정밀화된 조직으로 유사시 적에 대한 지속적 타격을 가할 수 있는 것으로 알려져 있다.

최근 유력 시사주간지 「타임(TIME)」은 "2004년 11월 1일 인민해방군 사이버부대는 남부 캘리포니아의 컴퓨터를 다운시켰으며, 미국의 비밀을 탐지하기 위한 일상적 활동을 시작했다."는 내용의 보도를 전한 바 있다. 인민해방군의 사이버부대가 미 정부 네트워크를 공격한 2003년부터 펜타곤의 컴퓨터 보안

탐지장치는 '타이탄 레인(Titan Rain)'으로 명명된 작전에 따라 중국 사이버 부대의 움직임을 모니터해왔다.

스캐너 프로그램을 이용해 타이탄 레인 작전에 참여한 미국의 해커들은 십여 곳의 미 국방부 시스템의 취약점을 발견했다. 여기에는 애리조나 포트 후아추카 기지의 육군 정보 시스템엔지니어링 사령부, 버지니아 알링턴의 국방정보 시스템부, 캘리포니아주 샌디에이고의 해군대양 시스템센터 및 앨라배마의 전략방위사령부 등이 참여했다. 공격은 중국 광둥 지방 네트워크에서 시작된 것으로 추적됐으며, 작전에 참여한 한 전문가의 경우 미국을 겨냥한 중국의 사이버 공격을 전문적인 군사작전으로 인식했다. 작전에 참여한 미국의 컴퓨터 전문가들은 "중국의 해커들이 실수 없이 펜타곤의 시스템을 드나들었고 흔적도 남기지 않았으며, 30분도 안 되어 '백도어(Backdoor, 컴퓨터를 임의로 조작하거나 중요한 정보를 빼내는 행위)'를 해냈다. 군사조직 외에 어느 누가 이렇게 할 수 있겠느냐?"고 말하기도 했다. 2005년 12월 영국 런던 소재 의회사무국의 경우 광둥 지역 네트워크의 ISP 주소를 사용하는 해커에 의해 은밀하게 침투 당하기도 했다.

당시 영국의 국립 인프라 보안협력센터 소속의 수사관들은 "평범한 해커는 아니었다. 매우 영리한 전문가들이었다."고 언론과의 인터뷰에서 밝히기도 했다. 당시 중국 해커들은 영국 정부 부처에서 인권문제를 다루는 파일들을 찾았던 것으로 알려졌다. 영국의 한 보안관리는 "해커들이 중국 정부에서 임무를 부여받은 것으로 보여진다."고 말했다.

의회사무국에 대한 이 같은 중국의 해킹은 의도적이며 조직적으로 발생한 것이다. 중국의 해커들은 고도로 정밀화된 소프트웨어를 사용했으며 중국에서 e-메일로 정보가 전송되는 웹사이트를 이용한 것으로 알려졌다. 이에 대해 영국의 한 네트워크 보안 전문가는 "이렇게 복잡한 작전을 수행하려면 엄청난 비용이 들 것"이라고 말했다.

인민해방군 사이버 부대는 중국국가계획위원회를 통해 마이크로소프트(MS) 소스 코드에 접속했을 때 세계적으로 중요한 운용체계 및 비즈니스 프로그램에서 사용되는 소프트웨어와 하드웨어의 취약점을 거의 확실히 발견했다. 국가계획위원회는 2002년 6월 MS와 각서에 서명을 했는데 MS가 미래에 대(對)중국 투자를 조건으로 중국은 소스코드에 대한 접근권을 얻었다. 중국에서 해킹은 사형에 해당하며 인터넷을 사용하려면 경찰에 보고를 해야 한다. 특히 중국 인터넷의 보안망은 뚫기가 힘든 것으로 알려져 있다.

중국 정부는 인터넷상에서 어떤 일이 벌어지고 있는지에 대해 상세히 알 수 있는 거대한 방화벽을 구축해 놓은 상태다. 결과적으로 최근 발생한 일련의 중국발 사이버 테러는 중국 정부가 지원한 프로그램의 일환이었음이 명백하다.

펜타곤은 2004년 중국의 사이버 공격 이후 사이버 방어력을 보강했으나, 다른 정부 내 기관들은 이에 대한 열의를 보이지 않았다. 결국 2006년에는 최소한 4개의 미국 정부 컴퓨터 네트워크가 중국으로부터 사이버 공격을 받았다. 이로 인해 국무부 컴퓨터가 일시 정지되기도 했다. 이유는 중국 해커들이 소프트웨어 '백도어'를 국무부 내 기밀네트워크에 설치, 중국과 북한을 다루는 부서에서 전송되는 민감한 데이터를 빼냈기 때문이다.

이로 인해 국무부는 의회의 압력을 받아 2005년 IBM의 개인컴퓨터 부문을 인수한 중국 레노보사의 컴퓨터 구매를 중단했다.

중국의 인터넷 서버를 사용하는 해외 해커들은 2006년 7월 군사용 물품 및 정보에 관한 수출면허를 관장하는 미 상무부 산하기관인 산업보안국 컴퓨터에 침투하기도 했다. 실제로 중국의 해커들이 컴퓨터 시스템에 특별한 접근을 하려고 '루트킷(Rootkit)'을 이식했다는 사실을 상무부 관리들이 시인하기도 했다. 같은 해 11월 중순에는 로드아일랜드의 해군전쟁대학 컴퓨터네트워크에도 중국 해커들이 침입한 것으로 알려졌다. 중국은 해군전쟁대학의 컴퓨터 네트워크 전체를 다운시켰으며, 그 결과 미국의 전략사령부는 국방부의 컴퓨터 네트워크와 보안 경고 레벨을 상향조정했다고 해군전쟁대학의 리처드 고에츠 교수는 말했다.

한 보고서에 의하면 중국의 사이버 전사들은 사이버 전쟁 수행 개념개발을 시작한 해군전쟁대학의 전략연구그룹을 목표로 했다고 한다. 2006년 11~12월에는 워싱턴의 국립 방위대학교(NDU) 컴퓨터가 공격당했다. NDU 공격은 공개되지 않았으나 침투당한 시스템이 교체되는 동안 NDU의 e-메일 계정이 수 주간 폐쇄되었다는 것은 학계에서는 잘 알려진 사실이다. 인민해방군의 사이버 부대는 탐지를 피하려고 하면서도 모든 네트워크의 침입이 발각될 수 있다는 잘못된 보안 인식을 심어주려는 경향이 있다.

최근 한 전문가는 미 연방 정보담당자 회의에서 "중국제 하드웨어와 소프트웨어가 미 정부기관 시스템의 반을 차지하고 있다."고 밝힌 바 있다. 이처럼 중국 사이버 공격의 높은 수준으로 인해 미 정부기관은 될 수 있으면 중국제 하드웨어 및 소프트웨어 구매를 회피하고 있는 실정이다. 미 국방네트워크에 대한 중국의 침투는 이미 심각한 수준에 도달했으며 그 정도는 앞으로 더욱 심해질 것이다.

최근 공개된 한 보고서는 "미국에서 외국으로 이전되는 전자기술 정보가 심각한 수준에 도달했다."고 경고한 바 있다. 이러한 현상은 간과할 수 없는 것이다. 전자기술은 미국이 군사·상업·공업 분야에서 기술적 우위를 유지할 수 있는 토대이기 때문이다. 미 정부는 중국의 사이버 침투에 대해 자국 데이터베이스가 얼마나 취약한지 공개하고 있지 않다.

중국의 사이버 부대가 이미 펜타곤의 비밀 NIPRNET에 침투해 유사시 미국이 수행하는 전쟁이나 분쟁을 무력화하는 프로그램을 만들었을 가능성이 있다. 인민해방군 사이버 전 부대가 미국의 유비쿼터스 환경의 소스코드에 접근한다는 것은 중국이 미 정부와 군대·기업 그리고 개인 컴퓨터 네트워크에 대한 만능열쇠를 갖고 있음을 의미한다.

일본

일본은 1998년 자국 내 컴퓨터를 경유한 이스라엘 해커가 미 해군의 전산망에 침입한 사건을 계기로 국토방위 개념을 오프라인에서 온라인으로 확대해 국가전산망 보호에 나섰다.

일본은 1999년부터 사이버 테러 관련법과 제도와 관련된 연구를 시작했으며, 이때부터 정보보안 관계부처 회의를 운영하고 있다. 2000년 1월에는 과학기술국 등 16개 일본 정부기관 사이트가 중국 해커들에게 해킹당하는 사건이 발생해 사이버 테러에 대한 국가적 경각심이 크게 강화됐다. 일본은 전체적으로는 내각관방을 중심으로 경찰청·방위청·총무성·경제산업성이 각각 정보보호정책을 추진하는 시스템을 갖추고 있다. 내각관방이 각 부처를 총괄 조정하는 역할을 담당하며 긴급대응지원팀(NIRT)으로 하여금 전자정부의 정보보호와 주요 인프라 사이버 테러 대책에 나서고 있다.

각 부처별로 보면, 일본 경찰청은 2001년 '사이버 포스(Cyber Force)'를 창설해 하이테크범죄 예방에 주력하고 있다. 방위청은 2003년 '방위물자 조달에 관한 정보보호 기본방침'을 수립해 조달업무에 관한 정보시스템·DB 등의 보안대책을 추진해왔다. 총무성은 2002년 인터넷사업자(ISP)를 중심으로 '인터넷침해사고 정보공유분석센터'를 설립해 인터넷 해킹 등에 대비하고 있다. 경제산업성의 경우 2003년 '정보보호종합전략'을 마련해 주요 기반시설에 대한 위협정보 수집·해석 기능의 정비, 사이버범죄 대책수립, 정보보호관련 국제협력 업무 등을 추진해왔다.

2003년 이후 일본은 내각관방장관 산하 정보보호정책회의(ISPC: Information Security Policy Council)와 국가정보보호센터(NISC: National Information Security Center)에서 정보전 준비를 주도하고 있다. 국가정보보호센터의 주요 임무는 기본전략 입안, 정부 종합대책 촉진, 정부 사안대처 지원, 주요 인프라의 정보보안대책 등으로 알려져 있다.

러시아

러시아는 국가 전략목표 시설과 국가운영 정보통신 기반시설의 보호문제에 지대한 관심을 갖고, 연방보안부(FSB), 연방통신정보국(FAPSI: Federalnoye Agentstvo Pravitelstvennoy Svyazy), 연방기술·수출통제국(FSTEK), 정보보안센터(ISC) 등의 조직을 통해 사이버 테러 및 사이버 전에 대비하고 있다. 구체적으로 FSB 산하 '정보보안센터'는 통신보안업무와 정보보호 시스템 평가·인증을 총괄 조정하며, 비밀리에 사이버 전 전담부대를 통해 공격기술 개발 및 정보수집 업무를 담당하고 있다. 연방통신정보국은 러시아 정보 및 보안기관 중에서 예산을 가장 많이 사용하는 조직으로 임무는 신호 및 전자정보, 비(非)통신(Non-Communication) 신호정보 수집업무와 정부 통신암호 보안업무를 담당하고 있다. 연방통신정보국은 북한 황해도에 '라모나(Ramona)'로 알려진 비밀 레이더 기지를 운영하고 있다. 라모나는 러시아판 '에셜론(미국 NSA 산하 감시·감청조직)' 기지이다.[45]

러시아는 라모나 기지를 통해 일본 내 미군기지에 대한 정보를 수집 분석하고, 북한은 러시아를 통해 국군과 주한미군 관련 정보를 제공받고 있다. 1998년 외교관 맞추방 사건 당시 조성우 참사관이 라모나 기지에 관한 정보를 빼내려다 러시아에서 추방당한 것으로 알려져 있다.

영국

영국은 자국의 주요 국가기반시설을 사이버 공격 위협으로부터 보호하기 위해 2009년 최초의 사이버 안보전략을 수립·발표했다. 특히 2010년에는 국가 사이버 보안 프로그램을 발표하면서 사이버 전 역량을 강화해왔다.

2013년 초에는 정보기관과 민간 보안 전문가로 구성된 사이버 보안

통제센터인 '퓨전셀(Fusion Cell)'을 설립했다. 이 조직은 금융, 국방, 에너지, 통신, 제약 등 5개 분야에서 160개 업체가 참여, 사이버 위협에 기업과 정보기관이 공동으로 대응하고 있다.

이와 함께 영국 국방부는 미국의 사이버 사령부를 모델로 하는 영국식 사이버 사령부 창설 계획을 발표한 가운데, 군사작전 범위에 사이버 작전 활동을 포함하고 사이버 보안전략을 통합하기 위해 2010년 국방 사이버 작전 그룹을 신설했다.

영국은 사이버 공간에서의 국가안보 위협에 대처하기 위해 사이버 무기 프로그램을 개발하고 있다. 국무조정실과 정보통신본부 소속 사이버 보안 작전센터가 이 프로젝트를 이끌고 있다.

영국의 구체적인 사이버 안전체계를 살펴보면, 네트워크 및 정보보호 정책은 내각부 산하의 정보보증중앙지원국(CSIA: Central Sponsor for Information Assurance)이 정부 전체를 조정한다. 무역산업부(DTI: Department of Trade and Industry), 외무부 산하 정부통신총국(GCHQ: Government Communications Head Quarters)·통신전자보안단(CESG: Communications Electronics Security Group) 및 내무부 보안정보부(MI5) 산하 국가기반보호센터(CPNI: Center for the Protection of National Infrastructure) 등이 국가 전반에 걸친 정보보호 기관으로서 역할을 수행하고 있다.

독일

독일의 정보기관 BND는 1985년부터 '라합 프로젝트(Project Rahab)'를 통해 주요 국가의 데이터베이스에 침투하는 방법을 연구해왔다.[46]

BND는 한번 침투에 성공하면 향후 사용을 위해 침입 지도를 작성하고, 사용한 아이디(ID), 암호(Password) 등을 기록·관리한다. BND는 또 국가 차원에서 해커 양성을 위한 훈련소를 직접 운영하고 있으며, 독일의 '국가안보, 중요한 통상문제 및 경제적 복지'와 관련된 전자정보에 접근할 수 있는 권한도 부여받았다.

독일 정보기관은 1989년 초 미국과 영국의 주요 기업 데이터베이스에 침입해 정보를 입수했으며, 1991년 국제 은행 간 통신협회(SWIFT)가 운영하는 네트워크에도 침입했다. BND는 긴급한 정보입수 필요에 의해 주로 해킹을 시도하지만, 평시에도 해킹 역량강화와 기존에 작성한 침입경로지도를 확인하기 위해 해킹을 하는 것으로 알려져 있다.

5부

한국적 사이버 전 대응전략

1장

공세적 사이버 전략 및 전술의 채택

우리 군은 북한에 의한 천안함 폭침 사건을 계기로 '국방개혁 2020'을 전면 보완한 '국방개혁 307 계획'을 통해 사이버 사령부의 조직과 기능을 강화하는 대책을 세운 바 있다. 이 대책에는 사이버 전문인력 개발센터를 운용해 사이버 전 방어 능력을 향상시키고, 사이버 사령부 인력을 1만 명으로 증원한다는 내용이 포함되어 있다.[47] 그러나 이를 실현하기 위한 정부 예산은 오히려 감소하고 있는 상황이다.

정부의 2014년도 국방정보화 예산은 5,154억 원이다. 정보보호 등 사이버 테러 대응에 60억 원이 증액됐다. 국방 정보화 예산 중 가장 비중이 높은 영역은 정보통신기반체계 구축 사업(2,382억 원)으로 노후화된 개인용 컴퓨터(PC) 교체에 593억 원, 주전산기기 도입에 460억 원 등이 포함된다. 정보보호에 247억 원, 암호화 장비 도입에 163억 원이 책정됐다.

군수자원정보체계개발 사업 등 국방 자원관리정보체계개발 사업에는 총 528억 원이 쓰인다. 대규모 프로젝트보다는 다수 시범사업과 계속사업 중심으로 투자가 이뤄진다. 국방통합정보관리소구축 사업에는 41억 원을 투입, 마무리한다. 이와 함께 정보통신운용지원 413억 원, 통신요금 1,073억 원, 통신시설 357억 원, 국방광대역통합망 360억 원이 배정됐다. 정보통신운용지원과 통신시설 예산은 전년 대비 소폭 늘어난 반면 통신요금과 국방광대역통합망 예산은 줄었다.

이는 미국의 사이버 보안 기술 연구 예산 5억 달러, 영국의 최근 4년간 국방부 사이버 보안 예산인 6억 5,000만 파운드와 비교해 매우 낮은 수준이라 할 수 있다.

사이버 사령부는 보다 적극적이고 공세적인 사이버 작전 개념과 교리의 도입을 주도해야 할 것이다. 사이버 사령부의 주요 임무는 군 작전의 원활한 수행을 위해 군 네트워크 및 사이버 망의 관리와 보안, 보호를 담당하는 제한적인 역할을 하는 것이다.

사이버 사령부는 이 같은 태생적 한계에서 발생하는 각종 제약에서 탈피해 독자적인 길을 가야 할 것이다. 미국의 경우 2013년 국방부 산하 사이버 사령부를 5만 명으로 확대하고 '사이버 보호 부대' '국가 임무 부대' '전투 임무 부대' 등 3가지 유형의 전력을 마련한다고 밝혔다.

이 가운데 전투 임무 부대는 적을 상대로 사이버 공격 등 공세적인 작전을 펼친다. 미국의 이런 개념 변화는 향후 전쟁의 개전 명분 및 환경, 수준을 새로이 평가하는 잣대를 제시하는 것으로 미래 전쟁의 전개양상을 크게 변화시키는 획기적 발상이라 할 수 있다. 사이버 사령부가 향후 지향해야 할 궁극의 목표는 실전에서 효과를 발휘할 수 있는 각종 공세적, 방어적 사이버 전 작전교리를 개발, 시험, 적용하는 것이 되어야 한다.

2장

사이버 위기 대응을 위한 법제 정비

사이버 공간은 정보기기와 컴퓨터 그리고 인터넷 등의 네트워크로 연결된 가상공간으로 이미 국민 생활의 보편적인 영역으로 자리매김하였다. 이러한 특수성으로 말미암아 시공간의 제약을 벗어나 발생하는 모든 사이버 공격을 정부와 민간 어느 하나도 단독으로 차단하기에는 분명한 한계가 있다. 따라서 민관군(民官軍)이 모두 참여하는 국가적 차원의 종합적 사이버 대응체계를 구축해야 한다.

즉 사이버 공격을 대응하기 위한 정부기관 상호 간의 업무분장을 통해 사이버 공격으로부터 국가위기를 사전예방하기 위한 법체계를 정립할 필요가 있다. 국가정보원 산하 국가 사이버 안전센터는 2004년 설립되어 지금까지 범국가적 차원에서 국가 사이버 안전 정책총괄 업무를 수행해왔는데, 이는 '국가 사이버 안전관리규정(대통령 훈령, 2005년 제정)'에 근거하고 있다.

국가정보원은 현재 정무직을 제외한 조직구성원에 대해 비공개(국정원법 제6조) 원칙에도 불구하고, 소속기관인 국가 사이버 안전센터만은 민관군의 정책을 총괄하고 국내외 위협정보 공유 및 범정부 차원에서의 유관기관 협력을 강화하기 위해 이례적으로 조직의 운영을 공개적으로 하고 있다. 이 때문에 포괄적 사이버 안전 업무를 수행하는 데 법적 근거가 부실한 상태이다.

국정원 이외에 우리나라의 사이버 위기 대응기관으로는 국방부 산하 사이버사령부, 방송통신위원회 산하 인터넷 침해사고대응지원센터, 대검찰청 산하 인터넷 범죄수사센터, 경찰청 산하 사이버 테러 대응센터 등이 다양하게 존재하고 있다. 문제는 이러한 다양한 기관이 존재하고 있음에도 불구하고, 실제 사이버 위기가 발생했을 경우 각 기관의 책임과 역할이 불분명하고, 무엇보다 강력한 리더십을 가진 기관이 사실상 없다는 점이다.

북한 등 외부로부터의 사이버 위협에 대응하기 위해서는 모든 정부 조직이 하나의 보안 목표 아래 각자의 역할을 수행하고, 상황 변화에 신속하게 대응할 수 있는 총괄체제와 이를 수행하는 컨트롤 타워(control tower)가 구축되어야 한다. 사이버 위협은 이미 일상화된 상태이다. 사이버 위협에 대응하기 위한 대응체제의 핵심이 바로 관련 법률의 채택이다.

미국의 경우 2009년 5월 사이버 보안책임 분배, 효율적 정보 공유 및 대응능력 강화, 보안강화를 위한 혁신촉진 등을 내용으로 하는 「사이버 공간 정책 리뷰(Cyberspace Policy Review: Assuring a Trusted Resilient Information and Communications Infrastructure)」를 발표했다.[48]

동(同) 보고서는 단기 및 중기실행계획을 제시하고 있는데, 단기실행계획의 첫 번째로 국가 사이버 보안정책 추진을 총괄하는 사이버 보안책임관을 임명할 것을 제안하고 있다. 이에 따라 백악관은 사이버 보안의 총괄책임자로 이른바 '사이버 차르(Cyber Czar)'를 임명했다. 독일, 프랑스, 영국, 일본의 경우 국가 사이버 위기 대응과 관련된 법과 제도의 정립을 끝낸 상태로 인력 및 기술개발 등의 활용 및 안정화 단계에 진입한 상태이다.

3장

사이버 전문 인력 양성 시스템 구축

국가 간 사이버 전에 대비하기 위해서는 정규 및 비정규 교육 이외에 실제 해킹 경험이 많고 사이버 전에 대한 확실한 의식을 갖춘 전문가를 양성할 필요가 있다.

그러나 국가가 공개적으로 해커를 양성한다는 것 자체가 국제적 이슈가 될 수 있고, 타국과 심각한 외교 및 군사적 대립 상황을 만들 수 있다. 동시에 우리나라와 갈등관계에 있는, 혹은 경쟁관계에 있는 국가로부터 의심을 받기 쉽다. 따라서 매우 신중하고 합법적으로 사이버 보안 전문가를 양성해야 하고 평시와 유사시에 어떻게 이들을 활용할 것인가에 대해서도 각각의 전략이 필요하다. 대다수 해커들은 특성상 '야행성'에 '은둔성', 조직에 적응하기 어려운 '외톨이형'이나 돌출행동을 일삼는 '특이

한 성격의 소유자들'이 다수인 것이 현실이다.

그러나 문제는 과연 보수적인 정부와 군에서 이들을 충분히 이해하고, 관리하며 충분한 보수를 지급하며 대우해 줄 수 있을까 하는 것이다. 다행히 국방부는 사이버 전 수행인원을 대폭 증원하는 등 우리 군의 사이버 전 능력을 강화해 나갈 계획이라고 한다. 이를 위해 국방부는 관련 예산과 인력 수급 여건이 보장되면 1,000명 이상으로 사이버 인력을 늘릴 예정이며, 자체적으로 인력을 양성하면서 민간의 우수한 자원도 영입할 방침이라고 한다.[49]

마지막으로 사이버 전 전문 인력 양성 시스템 구축을 위해서는 우수한 해커들을 대상으로 적극적인 필터링(filtering) 작업을 시행해야 한다.[50] 여기에는 해커들의 심리구조, 윤리의식, 해킹경험, 애국심 등 다양한 측면을 측정하기 위한 과학적 조사방법이 동원되어야 한다. 즉 국익에 도움이 되는 사이버 전 전문 인력을 선발하고, 이들을 군인 또는 공무원으로 신분을 보장해 자연스럽게 국가를 위해 복무하도록 해야 한다. 이 모든 조건과 절차는 사이버 전 전문 인력을 관리할 장기적 계획과 국가차원의 전략을 마련한다는 전제하에서만 가능하다.

참고문헌 및 자료

강석구 외, '사이버 안전체계 구축에 관한 연구', 한국형사정책연구원, 2010.12.

김도승, '사이버 위기 대응을 위한 법적 과제: 미국의 사이버 위기 대응체계 현황과 시사점을 중심으로', 정보통신정책연구원, 2009.

김인중, 『사이버 공간과 사이버 안보』, 글과생각, 2013.

김철완 외, '북한 IT 부문 및 남북 IT 교류협력 현황 보고서(I)', 정보통신정책연구원, 2007.12.

김필재, '미 NSA 주도 전(全) 세계 감시·감청 시스템 Echelon', 「미래한국」, 2004.

김필재, '中 인민 해방군 제4군 사이버 전담부대 분석', 「미래한국」, 2004.8.23.

김필재, '北韓 내 러시아 동북아 비밀 감청기지의 존재', 「조갑제닷컴」, 2005.2.26.

김필재, '미래전에 대비한 미국의 첨단 과학 무기 체계', 「코나스넷」, 2006.6.3.

김필재, '中北, 지구촌 사이버 테러 진원지', 「조갑제닷컴」, 2009.7.9.

김필재, "종북세력 실체 및 대응책: 무엇을, 어떻게 할 것인가", 한국안보포럼, 2012.

김필재, '제2차 한반도 전쟁, 北韓의 EMP 공격으로 시작된다', 「조갑제닷컴」, 2012.7.27.

김필재, '北사이버 전, 물리적 對南도발 앞선 전초전(前哨戰)', 「조갑제닷컴」, 2013.3.26.

김필재, '북한과 남한 좌경세력의 선거투쟁 전술 유형', 「조갑제닷컴」, 2013.10.23.

김필재, '다가올 北주도의 재앙적 사이버 테러 대비해야', 「조갑제닷컴」, 2013.11.19.

김필재, "2014년 국내 좌경세력의 예상 동향", 「월간충호」, 2014.1.

김필재, '김정은의 남침은 사이버 전으로 시작된다', 「조갑제닷컴」, 2014.1.27.

김홍광, '북한의 정보전 전략과 그 수행방법', 한국군사학회, 2011.6.29.

민진규, 『국가정보학: 역사와 혁신』, 배움, 2010.

서울중앙지방검찰청, '왕재산 사건 검찰 수사결과', 2011.

손영동, 『iWAR』, 황금부엉이, 2010.
이상호, '소셜미디어(SNS) 기반 사이버 심리전 공격 실태 및 대응방향', 「국가정보연구」 제5권 2호, 2013.
이상호, '최신 사이버(Cyber) 전의 성격과 특성: 북한의 사이버 전 전략과 우리의 대응방향', 「정책연구」 통권 170호, 국가안보전략연구소, 2011.
이연수 외, '주요국의 사이버안전관련 법-조직체계 비교 및 발전방안 연구', 「국가정보연구」 제1권 2호, 한국국가정보학회, 2008.
이홍열, '북한의 IT 인재양성', 한국정보통신기술협회, TTA Journal No.122, 2009.
엄정호 외, 『사이버 전 개론: 공격과 보안 기술』, 홍릉과학출판사, 2012.
엄정호, '사이버 공간에서 정보우세를 위한 사이버 방위전략', 「보안공학연구논문지」 제9권 제5호, 2012.10.
우형진, 『넷 전쟁과 인터넷 보안군』, 삼성경제연구소, 2007.
조현숙, '사이버 냉전시대: 현황과 미래과제', 한국과학기술단체총연합회, 2011.3.
하태경, 『삐라에서 디도스 까지: 북한 대남 사이버 테러의 현재와 미래』, 글통, 2013.

'米國におけるサイバーテロ対策狀況調査報告', 情報處理推進機構, 2002.
伊東寛, 『第 5の戰場: サイバー戰の脅威』, 祥伝社, 2012.
土屋大洋, 『サイバー·テロ 日米vs.中國』, 文藝春秋, 2012.
佐藤仁, 'サイバー戦争は「Cool War」なのか', 情報通信総合研究所, 2013.4.12.
Adam Segal, *Stuxnet and Flame: Take a Breath*, The Diplomat, June 7, 2012.
Alvin Toffler, 『War and Anti-War: Making Sense of Today's Global Chaos』, Grand Central Publishing, May 1, 1995.
Bertil Lintner, *North Korea's IT revolution*, Asia Times, Apr 24, 2007.
Ellen Nakashima, *With Plan X, Pentagon seeks to spread U.S. military might to cyberspace*, The Washington Post, May 31, 2012.

John J. Tkacik, Jr., *China's Quest for a Superpower Military*, The Heritage Foundation, May 17, 2007.

Richard A. Clarke & Robert Knake, 『Cyber War: The Next Threat to National Security and What to Do About It』, Ecco; Reprint edition, April 10, 2012.

주

1. '사이버(Cyber)'라는 용어는 조타(操舵)장치를 뜻하는 그리스어 'Kyber'에서 유래했다. 현대적 의미의 사이버는 0과 1이라는 디지털 부호체계를 통해 정보를 주고받는 컴퓨터 네트워크상의 가상공간이다. 따라서 '사이버 전'이란 컴퓨터 네트워크를 통해 디지털화된 정보가 사이버 공간(Cyberspace)에서 다양한 공격수단을 사용해 적의 정보 체계를 교란, 거부, 통제, 파괴하는 등의 공격, 그리고 이를 방어하는 일체의 활동을 의미한다.
2. '소총수들아, 너희가 정보전을 아느냐', 「주간동아」 295호, 2001.8.2.
3. 엄정호, 최성수, 정태명 공저, 『사이버 전 개론: 공격과 보안기술』, 홍릉과학출판사, 2012, p.7.
4. 김홍광, '북한의 정보전 전략과 그 수행방법', 한국군사학회, 2011.6.29.
5. Ed barnes, '*North Korea's Cyber Army Gets Increasingly Sophisticated*', 「FoxNews.com」, 2011.5.17; '北, 사이버 심리전 강화: '사이버 戰士' 3만명… 미·러 이어 세계 3위 전력', 「인터넷 문화일보」, 2013.8.12.
6. 하태경, 『삐라에서 디도스까지: 북한 대남 사이버 테러의 현재와 미래』, 글통, 2013, pp.83~84.
7. '북한 전자전 능력은', 「인터넷 조선닷컴」, 2011.3.7.
8. '북한 사이버 전법은 중국의 점혈 전쟁술 모방한 것', 「중앙일보 북한 네트」, 2009.7.10.
9. Richard A. Clarke & Robert Knake, *Cyber War: The Next Threat to National Security and What to Do About It*, Ecco; Reprint edition, 2012.4.10.
10. 하태경, 『삐라에서 디도스까지: 북한 대남 사이버 테러의 현재와 미래』, 글통, 2013, pp.75~77.
11. 김필재, '2014년 국내 좌경세력의 예상 동향', 「월간충호」, 2014.1.
12. '북한 정치사전엔 조평통=사회단체 상급이 아니었다', 「조인스닷컴」, 2013.6.13.

13. 『북한 365일』, 북한문제연구소, 2004, p.365.

14. 김필재, '북한과 남한 좌경세력의 선거투쟁 전술 유형', 「조갑제닷컴」, 2013.10.23.

15. '북한 통일전선부 출신 탈북자가 증언한 대남공작부서의 모든 것', 「인터넷 신동아」, 2007.7.1.

16. 『북한조사연구』 제11권 제1호, '북한의 통일전선사업부 해부', 국가안보전략연구소, 2007.5.

17. 2012년도 『국방백서』 및 고려대 정보보호대학원 자료 재구성

18. '北傀, 적공국의 실체', 「자유북한방송」, 2013.11.13.

19. 김필재 역(譯), '김정일 장남 김정남, 北 사이버 테러 담당', 「프리존뉴스」, 2007.4.25; Bertil Lintner, '*North Korea's IT revolution*', *Asia Times*, Apr 24, 2007.

20. '북한은 인민학교부터 사이버 군관 양성', 「보안닷컴」, 2010.6.9.

21. '北 정보 전사는 상위 0.001% 영재죠', 「매일경제」, 2009.7.17.

22. 엄정호 외, 『사이버 전 개론: 공격과 보안 기술』, 홍릉과학출판사, 2012, pp.22~23.

23. 보안 취약점이 발견되었을 때 그 문제의 존재 자체가 널리 공표되기도 전에 해당 취약점을 악용해 이루어지는 사이버 공격을 의미한다.

24. 특정 산업현장 또는 지리적으로 넓게 퍼져 있는 산업단지를 감시하고 제어하는 시스템이다. 컴퓨터 정보 수집, 처리, 분석, 제어 및 통신기술이 결합한 통합 제어 시스템이다.

25. 김필재 역, Adam Segal, '*Stuxnet and Flame: Take a Breath*', June 7, 2012, The Diplomat.

26. 크래커(cracker)는 컴퓨터에 침입하거나 통신 시스템을 파괴하는 것과 같은 비창조적 일을 하는 사람을 의미한다. 즉, 컴퓨터 프로그램에서 크랙(crack, 갈라진 틈)을 찾아내 이것을 자신의 목적을 위해 사용하는 이들을 총칭한다. 해커와 같은 의미로 쓰이고 있지만 엄밀히 구분하면 큰 차이가 있다. 해커는 원래 '솜씨 좋은 프로그래머'를 의미했다. 이는 1950년대 MIT 공대생들이

프로젝트 수행을 위해 대학 내 컴퓨터 시스템을 사용한 데서 유래했다. 당시에는 그러한 사람들을 '핵(hack)'이라고 불렀으며 파괴적인 일을 하는 '크래커'들과 달리 자신들을 정반대의 집단으로 생각했다. 그러나 최근에는 해커가 크래커와 같은 의미로 사용되고 있다.

27. 2013년도 국정감사 자료(GPS 전파 교란 관련 피해사례, 미래창조과학부)

28. 김필재, '北, 이란에 '核전자기 펄스(EMP) 폭탄' 수출하고 있나?', 「리버티헤럴드」, 2014.2.21.

29. '北 전자戰士 전면 공격하면 南 주요시설 5분 내 초토화', 「신동아」, 2013.5.

30. 파밍은 인터넷 사용자가 자신의 웹 브라우저에서 정확한 웹페이지 주소를 입력해도 가짜 웹페이지에 접속하도록 만들어 개인정보를 훔치는 것을 의미한다.

31. 스미싱은 문자 메시지(SMS)와 피싱(Phishing)의 합성어이다. 스미싱의 예를 들면 ①'무료쿠폰 제공' '돌잔치 초대장' '모바일 청첩장' 등을 내용으로 하는 문자 메시지 내 인터넷 주소 클릭→②악성 코드가 스마트폰에 설치→③피해자가 모르는 사이 소액결제 피해 발생 또는 개인 · 금융정보 탈취.

32. 국군사이버사령부는 2009년 7.7 디도스 공격을 계기로 군 차원의 사이버 대응 필요성이 대두되어 같은 해 12월 국방정보본부 예하 부대로 창설되어, 2011년 7월에 국방부 직속 부대로 변경됐다.

33. 국정원은 2010년 10월 28일 국회 정보위원회 국정감사에서 북한이 남한 정부기관을 상대로 2004년부터 2010년 10월 기간 동안 총 4만 8,000여 건의 사이버 공격을 시도했다고 밝혔다.

34. 경찰청 사이버 러대응센터 발표에 따르면 '7.7 디도스 공격'의 근원지는 북한 체신성에서 사용하는 IP이었던 것으로 알려져 있다.

35. 국군 사이버 사령부 2013년 국정감사.

36. 작전계획 5027(OPLAN 5027)은 한

반도에 전면전이 발생했을 때를 대비해 한미연합사령부가 마련한 구체적인 작전계획을 의미한다. 전쟁이 터졌을 때 한미 연합군이 언제 어디서 어떤 작전을 펼칠지를 구체적으로 명시한 계획이다.

37. '집중분석/북한 사이버 도발에 또 당한다', 「월간조선」, 2011.1.에서 가정한 상황.

38. 서울중앙지방검찰청, "지하당 왕재산 사건 중간수사결과", 2011.8.25.

39. 조영기, '사이버 保安法 제정이 시급한 이유', 「문화일보」, 2013.4.1.

40. '北통전부 대남 전략 일환 인터넷 댓글팀 운영', 「뉴스한국」, 2009.10.7.

41. 강석구 외, '사이버안전체계 구축에 관한 연구', 한국형사정책연구원, 2010.11.

42. Ellen Nakashima, '*With Plan X, Pentagon seeks to spread U.S. military might to cyberspace*', *The Washington Post*, May 31, 2012.

43. 김필재, '미 NSA 주도 전(全) 세계 감시 · 감청 시스템 Echelon', 「미래한국」, 2004.

44. 김필재 역(譯); John J. Tkacik, Jr., '*China's Quest for a Superpower Military*', *The Heritage Foundation, May* 17, 2007.

45. 김필재, '북한 내 러시아 동북아 비밀 감청기지-김정일과 푸틴의 밀월', 「조갑제닷컴」, 2005.2.26.

46. Keith Thompson, '*Oh, By the Way, Germany Spies on Us*', 「Huffingtonpost」, Oct 31, 2013.

47. 이상호, "최신 사이버(Cyber) 전의 성격과 특성: 북한의 사이버 전 전략과 우리의 대응방향", 「정책연구」(통권170호), 국가안보전략연구소, 2011.9.30 .

48. http://www.whitehouse.gov/assets/documents/Cyberspace_Policy_Review_final.pdf

49. 국군사이버사령부 등에 근무 중인 사이버 전 인력은 400여 명(2013년 기준)인 것으로 알려져 있다.

50. 우형진, 『넷 전쟁과 인터넷 보안군』, 삼성경제연구소, 2007년, pp. 111~112.

〈대한민국 정체성 총서〉 기획위원

자유북한방송 대표	**김성민**
한국자유연합 대표	**김성욱**
군사편찬위원회 책임연구원	**남정옥**
전 월간조선 기자	**이동욱**
변호사	**이인철**
북한인권법 통과를 위한 모임	**인지연**
대한민국 정체성 총서 기획팀장	**홍훈표**

북한의 사이버 남침

펴낸날	**초판 1쇄**	**2014년 8월 15일**
	초판 2쇄	**2015년 5월 30일**

지은이	**김필재**
펴낸이	**김광숙**
펴낸곳	**백년동안**
출판등록	**2014년 3월 25일 제406-2014-000031호**

주소	**경기도 파주시 광인사길 30**
전화	**031-941-8988**
팩스	**070-8884-8988**
이메일	**on100years@gmail.com**

ISBN 979-11-952638-8-2 04300

※ 값은 뒤표지에 있습니다.
※ 잘못 만들어진 책은 구입하신 서점에서 바꾸어 드립니다.

이 도서의 국립중앙도서관 출판시도서목록(CIP)은 서지정보유통지원시스템 홈페이지(http://seoji.nl.go.kr)와 국가자료공동목록시스템(http://www.nl.go.kr/kolisnet)에서 이용하실 수 있습니다.(CIP제어번호: CIP2014023007)

책임편집 **홍훈표**